Georg Schwikart (Hg.)

*Bist du das, Gott?*

Georg Schwikart (Hg.)

# *Bist du das, Gott?*

### Eine Spurensuche

© 2007 Aussaat Verlag
Verlagsgesellschaft des Erziehungsvereins mbH, Neukirchen-Vluyn
**www.nvg-medien.de**
Umschlaggestaltunggestaltung: Andreas Sonnhüter, Düsseldorf
Satz: Matthias Schneider, Essen
Druck: Fuck Druck, Koblenz
Printed in Germany
ISBN 978-3-7615-5581-1
Best.-Nr.: 155581

# *Inhalt*

**Mache dich auf den Weg** . . . . . . . . . . . . . . . . . . . 6

**Mitten im Leben** . . . . . . . . . . . . . . . . . . . . . . . 7

**Er ist da** . . . . . . . . . . . . . . . . . . . . . . . . . .29

**Spurensuche** . . . . . . . . . . . . . . . . . . . . . . . . .49

**Schweigt er?** . . . . . . . . . . . . . . . . . . . . . . . . .67

**Abschied vom Glauben** . . . . . . . . . . . . . . . . . . . .87

**Der ganz Andere** . . . . . . . . . . . . . . . . . . . . . . 109

**Wegbegleiter** . . . . . . . . . . . . . . . . . . . . . . . . 129

**Die Autorinnen und Autoren** . . . . . . . . . . . . . . . . 149

**Quellenangaben** . . . . . . . . . . . . . . . . . . . . . . 152

## *Mache dich auf den Weg*

Auf die Frage, was ihm „Gott" sage, antwortete ein deutscher Spitzenpolitiker in der Zeitschrift „Christ in der Gegenwart" einmal: „Nichts."

Sollte das witzig sein? Hatte er die Frage falsch verstanden und ernsthaft gemeint, man wolle wissen, was ihm Gott (in einer Privatoffenbarung) „gesagt" habe? Oder wollte sich der Mann – weil er vielleicht nicht an Gott glaubt – die Mühe ersparen, sich über Gott Gedanken zu machen? Ich fand seine Reaktion auf die Frage einfach armselig.

Dieses Buch wendet sich an Leserinnen und Leser, die es sich nicht so leicht machen, die keine flotte Antwort parat haben auf die uralte und doch immer wieder neue Frage nach Gott.

Gott: Ein kleines Wort mit vier Buchstaben steht für eine große Idee, für ein zärtliches Gegenüber, für eine seelische Belastung, für eine andere Wirklichkeit.

Diese Anthologie bietet keine systematische Theologie, sondern eine Sammlung von Erzählungen, Aphorismen, Gedichten, Essays und Gebeten. Die Autorinnen und Autoren aus Geschichte und Gegenwart gehen der alten Frage nach; abgeschlossene Antworten bieten sie freilich nicht. Dafür bieten sie aber Anregungen für Menschen von heute, die sich eigene Gedanken machen.

Wer zweifelt und doch eine ungestillte Sehnsucht in sich verspürt, wer Gott zutraut, mehr als eine Hormonausschüttung zu sein oder die hilflose Alternative, wenn die Wissenschaft nicht weiter weiß, wer bereit ist, aufzubrechen und Gott auch zu finden, wo man ihn nicht erwartet hat, der ist herzlich eingeladen, sich mit diesem Buch auf den Weg zu machen: Bei manchem Text wird man verweilen wollen, bei anderen weitereilen, sich dort abmühen und anderswo hoffentlich genießen. Wenn da und dort eine Formulierung das ausdrücken kann, was man selbst nicht in Worte zu fassen imstande war – das würde die Lektüre lohnenswert machen …

Für die kritische Durchsicht des Manuskriptes danke ich Dr. Maria Uleer, Ursula Schairer und meinem Lektor Michael Jahnke.

*Georg Schwikart*

## *Mitten im Leben*

Gott, ja natürlich.
Ich glaube an dich.
Doch, eigentlich schon.
Nur, was hast du mit mir zu tun?
Ich bin ich
und du bist du.

Manchmal schwanke ich
zwischen Kloster und Bordell.
Will alles hingeben
oder alles mitnehmen.
Aber in meinem stinknormalen Leben,
zwischen Schreibtisch und Nachtisch,
zwischen Frust bei der Arbeit
und Frust im Bett,
zwischen Schulaufgaben überprüfen
und Rasenmähen
bist du eine Nullstelle.

Gott, ja natürlich.
Wahrscheinlich vermisse ich dich kaum,
weil meine Phantasie nicht ausreicht,
mir vorzustellen,
was aus uns beiden hätte werden können.

Gott: Füllwort für alle Gelegenheiten: „Um Gottes Willen" klagt der liberale Minister, Polizisten behaupten, ihr Beruf sei „weiß Gott" kein Zuckerschlecken. „Ogottogott" ruft die Tante. Amerikanische Präsidenten pflegen ihre Reden mit „God bless you" zu beenden, auf dem US-Dollar, der die Welt regiert, heißt es „In God we trust". Und die Koppelschlösser der Wehrmachtsoldaten zierte der Vers „Gott mit uns".

*Georg Schwikart*

Gott. Ja, es ist das beladenste aller Menschenworte.
*Martin Buber*

## *Was Gott verhüten möge: Gott sei Dank*

Die Frage nach Gott beschäftigt alle Welt kontinuierlich.
Im September 1984 gab der Generalsekretär der KPdSU Gorbatschow, damals noch neu im Amt, der englischen „Times" über die Abrüstung ein Interview. Darin beschwor er das Eingreifen Gottes. So als könne es ohne göttliches Eingreifen keine Abrüstung geben. Dass ein kommunistischer Generalsekretär das Wort Gott in den Mund nahm, war ungewöhnlich. Prompt machte der Italiener Forattini daraus eine Karikatur. Auf dem Roten Platz sieht man Gorbatschow knien und die Augen zum Himmel richten. Dabei spricht er: „Oh Gott, hilf mir!" Gott antwortet aus dem Himmel: „Ich würde es ja gerne tun, wenn ich nur existierte."
Man wird an den Dialog der beiden Kolchosebäuerinnen erinnert, den die Theologin Dorothee Sölle überliefert hat: „Gott sei Dank bekommen wir gutes Wetter", sagt die erste Bäuerin. Darauf die zweite: „Aber du weißt doch, dass es, Gott sei Dank, keinen Gott gibt." Darauf wieder die erste: „Wenn es aber, was Gott verhüten möge, doch einen gibt?"
Sogar dem berühmten französischen Philosophen Sartre passierte in

dem Werk „Ist der Existentialismus ein Humanismus?" gleich auf der ersten Seite ein Lapsus. „Dieu merci", also „Gott sei Dank", sagte er da, was für einen Atheisten ungewöhnlich ist. Es scheint, als könnten selbst Atheisten Gott aus unseren Redensarten nicht tilgen.
Die Deutschen wurden turnusmäßig von Meinungsforschungsinstituten befragt, ob sie an Gott glaubten. 1999 gab ein bekanntes Nachrichtenmagazin wieder solch eine Studie in Auftrag. Man möchte es nicht glauben, aber 65 Prozent der Deutschen glauben demnach an Gott. Man merkt es bei den Fußballspielen. Was da gebetet wird!
Als Abkürzung von Herr Jesus: „Herrje!"
Als Ausruf: „Mein Gott!"
Als Ausruf mit gleichzeitiger Verneinung: „Mein Gott, nee!"
„Mein Gott, nee", möchte man auch dem Entertainer Supa Richie zurufen, der seine Fangemeinde zum Glauben anhält: „Du musst nur an ihn gläuben tun, dann hilft er dich bestimmt". Ja, wir müssen gläuben. Sonst haben wir fertig ...
Vor Jahren schon sagte der berühmte Theologe Karl Rahner: „Gott sei Dank gibt es nicht, was die meisten Deutschen sich unter Gott vorstellen."

*Michael Zielonka*


Die alten romanischen Kirchen
wecken in mir eine Sehnsucht,
ein Seelenbedürfnis,
von dem, was da sein könnte,
wenn ich ‚Gott' sage oder denke.

Die Größe und ihre schlichte Schönheit
sind um mich, halten mich
ganz zart umfangen
und lassen mich schweigen.

*Judith Schwikart*

## *Wenn du größer bist*

„Wo ist Gott?", fragt die fünfjährige Tanja. Da ist sie - die Frage aller Fragen, die schon Philosophen in den Wahnsinn getrieben hat. Was soll ich antworten? Erwartungsvoll sieht mich das liebe Kindergesicht an: „Mama, sag doch! Wo ist Gott?"
„Er ist ... er ist in dir, in mir, in jedem Strauch, in jeder Blume, in jedem Berg, in jedem Fluss, in jedem ..."
Tanja unterbricht: „Kann er mich sehen? Jetzt?"
Lieber Gott, was soll ich sagen?
„Tanja, jetzt hör mir mal genau zu. Das ist nicht so leicht zu beantworten ..."
„Ich will wissen, ob er mich jetzt sieht."
„Ja, ... ja, ich glaube schon, wenn ... wenn er nicht gerade was anderes zu tun hat."
„Aber der Himmel hat doch kein Loch."
Ich – ungeduldig: „Gott ist anders als du denkst."
„Wie anders?"
„Wenn du größer bist, wirst du das verstehen."
„Ich will das aber jetzt wissen."
Ich nehme Tanja in den Arm, drücke sie fest an mich.
„Spürst du, wie lieb ich dich habe?"
„Ja."
„Das ist Gott."
„Aber *du* drückst mich doch."
„Er hat mir gesagt, dass ich dich drücken soll."
„Kannst du ihn hören?"
Der Schweiß rinnt mir von den Achselhöhlen in den Hosenbund.
„Mama! Sag doch, kannst du ihn hören?"
„Nicht immer, Tanja, aber manchmal."
„Ich will ihn auch hören."
„Dann musst du zu ihm beten."
„Aber dann spreche *ich* doch – und nicht Gott."
„Wenn du größer bist ..." Ich sehe die Enttäuschung in ihren Augen und versuche abzulenken: „Magst du ein Eis?"
„Ja, aber ein großes!" *Helga Wohlfromm*

**I**ch bin berufen, etwas zu tun oder zu sein,
wofür kein anderer berufen ist.
Ich habe einen Platz in Gottes Plan auf Erden,
den kein anderer hat.
Gott kennt mich und ruft mich bei meinem Namen.
*John Henry Newman*


**D**ie theologischen Verwicklungen darf man vergessen, nicht aber die Frage nach Gott als dem Schöpfer. Die Meinung, wir alle trügen von Geburt an die „Idee" von Gott in unserer Seele, ist zwar nicht glaubwürdig, denn wäre es so, dann wäre die Existenz von Atheisten unbegreiflich; glaubwürdig ist dagegen, dass sowohl unser Denken, wenn es anmaßend das Ganze des Seins zu erfassen trachtet, als auch unser Wille nach Ordnung und unsere Sehnsucht nach Sinn gewissermaßen instinktiv danach suchen, was zugleich Schlussstein und Wurzel des Seins ist und dem Sein Sinn verleiht. Viele sprachen darüber, auch viele Atheisten wussten dies, darunter Nietzsche: Ordnung und Sinn kommen von Gott, und wenn Gott wirklich tot ist, dann reden wir uns vergeblich ein, dass der Sinn unversehrt geblieben sein könnte; die gleichgültige Leere saugt uns auf und vernichtet uns, von unserem Leben und unseren Mühen bleibt nichts zurück, keinerlei Spur hinterlassen wir im sinnlosen Tanz der Atome; das Universum will nichts, strebt nichts an, kümmert sich um nichts und spricht weder Lob aus noch verhängt es eine Strafe. Wer behauptet, dass es Gott nicht gibt und es lustig sei, belügt sich selbst.
*Leszek Kołakowski*

## *Exodus*

Deine Worte
Flaumfedern
in Binsen geflochten
tragen
über den Strom
erlösen
aus Pyramidengestein
an schilfgrünes Ufer
gefangene Tochter.

Deine Hände
im Mannamorgen
erkannt
schenken Begehren
hungernder Haut.
Balsam
dein Atem
in Wunden
gerissener Wut.

Stecken und Stab
in Deinem Arm
bewegen die Wasser

freien
am Mittag
verheißenes Land.
    *Christel Kehl-Kochanek*

## *Unruhig ist mein Herz*

„Gehst du zum Buffet und holst Kuchen, oder soll ich gehen?"
„Du gibst doch sowieso keine Ruhe, wenn ich mich nicht anstelle."
Sie hielt das Gezanke am Nebentisch nicht mehr aus, nahm ihr Buch und rannte von der Besucherterrasse zurück hinter die Klostermauern. Das war nun schon der zweite Tag hier, aber von innerer Ruhe keine Spur. Und dafür war sie in dieses Schweigekloster gefahren, das keinerlei Programm anbot, nur Stille. Das einzige Gerüst für den Tag waren die Gebetszeiten der Mönche, an denen die wenigen Übernachtungsgäste teilnehmen konnten, aber nicht mussten. Ansonsten kein Luxus, keine Ablenkung, keine Gespräche, sondern Schweigen.
Sie war jetzt fast vierzig und durfte eigentlich mit ihrem bisherigen Leben zufrieden sein. Ihr Beruf als Bibliothekarin machte ihr Spaß und, wichtiger, sie hatte einen Lebensgefährten, der diese Bezeichnung verdiente. Trotzdem hatte sich in der letzten Zeit eine innere Unruhe bei ihr eingeschlichen, die sie sich nicht erklären konnte. Sie stürzte sich auf jedes neue Buch, als könne es Fragen beantworten, die tief in ihr steckten, sich aber nicht in Worte fassen ließen.
Bei der Zeitungslektüre hatte sie eines Morgens in den Todesanzeigen einen Satz von Augustinus entdeckt: *Unruhig ist mein Herz, bis es Ruhe findet in dir.* Dieser Satz drückte genau aus, was sie empfand. Nur dass Augustinus im Gegensatz zu ihr wusste, bei wem er letztendlich fand, was er suchte. Was sollte sie sich als nicht einmal Getaufte unter *Ruhe finden in dir* vorstellen?
An diesem Morgen hatte sie beschlossen, ein paar Tage allein, schweigend auf sich selbst gestellt, zu verbringen, bei Mönchen, die sich für ihr ganzes Leben dem Schweigen verpflichtet hatten. Vielleicht ließ sich bei ihnen eine Antwort finden.
Die Stille auf den Fluren war eine Wohltat, ein Gegenpol zu der lauten Geschäftigkeit außerhalb der Mauern. Nichts lenkte sie davon ab, den Blick nach innen zu richten, aber es hinderte sie auch niemand daran, nach eine Zeit der Besinnung vor die Klosterpforte zu treten und die Geräusche der Außenwelt wieder auf sich einströmen zu lassen.
Der Blick aus ihrem Zimmer ging auf den Friedhof, wo die Mönche

ohne Sarg, nur die Kapuze ihres Gewandes über den Kopf gezogen, in der kalten Erde bestattet wurden. „Warum sagen Sie *kalte* Erde? Haben Sie Angst vor dem Tod?", fragte Bruder Famian bei einer Führung durch das Klostergelände. Hatte sie Angst? Bruder Famian schien der Gedanke an den Tod jedenfalls nicht zu schrecken. Gelassen ging er voran in die große Bibliothek, die von den Kirchenvätern bis zur modernen, weltlichen Literatur alles enthielt, was man sich zu lesen wünschte. Sie blieb vor den großen Namen stehen, die in jeder Literaturgeschichte erwähnt werden. „Kenn ich, kenn ich, kenn ich", sagte sie und tippte auf die Buchrücken. Bruder Famian sagte nichts.

„Haben Sie überhaupt Zeit, all diese wunderbaren Bücher zu lesen?", fragte sie schließlich. „Ach wissen Sie", sagte der Mönch ruhig, „ich habe so viel gelesen in meinem Leben, Kirchenväter, Philosophen, moderne schöngeistige Literatur, aber ich nehme jetzt nur noch ein Buch in die Hand, das einzige, das mich satt macht: die Bibel. Alle anderen Bücher haben mich hungrig zurückgelassen."

Sie starrte den Mönch in seinem schwarzen Gewand an. „Hungrig", hatte er gesagt. Hungrig war er gewesen, aber er hatte etwas gefunden, das ihn satt machte. Wie sie ihn beneidete.

*Maria Uleer*


**D**ER Weg zu Gott in unserer Zeit ist ungeheuer weit, als hätte der Mensch sich in den grenzenlosen Räumen verirrt, die sein Ingenium erfunden hat. Daher liegt auch in der bescheidenen Annäherung ein großes Verdienst.

*Ernst Jünger*


**G**EISTLOSE Gottesdienste haben meinem Glauben mehr geschadet als die überzeugendsten Argumente der Atheisten.

*Georg Schwikart*

> GNADE. Güte. Gewissheit. Glaube.
> Ordnung. Offenheit. Odem.
> Tod. Trennung. Tränen. Treue.
> trösten, tragen, tanzen
> *Almut Fricke*

## *Après vous …*

WOHER kommt eigentlich das Gute in der Welt, der Sinn, das Hoffnungsvolle?

Wenn das Individuum im *struggle for life* resigniert oder in der Totalität des geschichtlichen Prozesses aufzugehen droht, dann ist es doch höchst erstaunlich, dass zu gewissen Zeiten gewisse Menschen dennoch befähigt sind, *selbstlos* zu handeln.

Menschen, die den Eigennutz besiegen – ihre „Natur" – und für einen anderen da sein können.

Die es vermögen, bescheiden und einfach zu sein!

Das ist für mich *die* phänomenale Erfahrung schlechthin, die durchaus näher bedacht werden sollte, weil sie meines Erachtens völlig unableitbar und darin geradezu umwerfend ist.

Man stelle sich einen Menschen vor, der, wie der Phänomenologe Emmanuel Levinas nicht müde wird zu beschreiben, einem anderen allen Ernstes den Vortritt in einer Sache lässt und seinen Eigennutz zurück stellt: *Après vous, monsieur*, nach Ihnen, mein Herr!

In letzter Konsequenz: einen Menschen, der sich für einen anderen aufopfert und vielleicht sogar für diesen anderen zu sterben bereit ist.

*Gottfried Benn* hat diesen Sachverhalt, wie ich finde, einmal besonders imposant in einem berühmten Gedicht „Menschen getroffen" thematisiert: (…) *Ich habe Menschen getroffen, die / mit Eltern und vier Geschwistern in einer Stube / aufwuchsen, nachts, die Finger in den Ohren, / am Küchenherde lernten, / hochkamen, äußerlich schön und ladylike wie Gräfinnen – / und innerlich sanft und fleißig wie Nausikaa, / die reine Stirn der Engel trugen. / Ich habe mich oft gefragt und keine Antwort gefunden, / woher das Sanfte und das Gute kommt, / weiß es auch heute nicht und muss nun gehn.*

Das ist für mich die entscheidende Erfahrung, die vielleicht an Gott denken lassen darf und kann (ohne dass sie es freilich zwingend tun *muss*). Eine Erfahrung, die uns erahnen lässt, dass „hinter" den sanften und guten Menschen, den Selbstlosen und Einfachen, das Sanfte und Gute schlechthin wirksam und mächtig sein könnte.
*Nach Ihnen, mein Herr* – und dadurch zu Gott. Wie sonst sollte es funktionieren?   *Matthias Micheel*

NAMEN,
so sagen die einen,
sind Schall und Rauch,
zu oft trügen Menschen
den gleichen Namen,
andere entschuldigen sich
mit ihrem schlechten Namensgedächtnis,
der Schwierigkeit von Doppelnamen,
sie könnten die Namen einfach nicht
zuordnen,
dabei sind Namen
ein Zugang zur Unverwechselbarkeit,
ihre Aussprache, ihre Betonung
macht sie einzigartig,
wie denjenigen,
der erkennt und spricht:
ich habe Dich bei Deinem Namen
gerufen.
    *Michael Vogt*

TREUER Gott, du lässt dich finden, wenn wir dich ehrlich suchen. Du antwortest uns, wenn wir von ganzem Herzen nach dir fragen. Wecke uns auf, reinige unseren Willen, bereite uns zur Begegnung mit dir.
    *Franz von Assisi*

**D**IE Pluralistische Religionstheologie stellt die These auf, dass man von Gott nicht wissen könne, wie er ist, sondern man kann nur eine existentielle Erfahrung Gottes haben, die sich in verschiedenen geschichtlichen Phänomenen äußert. Die Erfahrung Gottes ist für die Menschen normalerweise dieselbe, nur die menschliche Darstellung dieser Erfahrung ist verschieden. Dieselbe Erfahrung äußert sich in verschiedenen Phänomenen, die durch die religiösen Traditionen bestimmt werden. Die verschiedenen Gottesvorstellungen sagen also nichts Entscheidendes über die Wahrheit einer Religion aus. Hier muss man bei der Heilsfrage ansetzen. Die Erfahrung in allen Religionen ist die einer Lösung aus der Selbstverfallenheit durch eine neue Beziehung zum Absoluten. Diese Befreiung von sich weg auf das Absolute hin ist das Heil. Wo also Heil und Befreiung erfahren wird, dort erfährt man Gott. Gott wird also irgendwie durch das Heil definiert. Es ist aber fraglich, ob dieser Weg gangbar ist. Somit stellt sich in der heutigen Situation erneut die Gottesfrage.

*Heribert Bettscheider*

## *Wo wohnt Gott?*

„**W**o wohnt Gott?"
Mit dieser Frage überraschte der Kosker einige gelehrte Männer, die bei ihm zu Gast waren. Sie lachten über ihn: „Wie redet ihr! Ist doch die Welt seiner Herrlichkeit voll!"
Er aber beantwortete die eigene Frage: „Gott wohnt, wo man ihn einläßt."

*Martin Buber*

## *Er und ich*

Sᴄʜᴏɴ lange bereite ich mich auf ein Gespräch vor. Irgendwo werden wir uns einmal hinsetzen. Vielleicht an einen alten Kaffeehaustisch. (Irgendwo muss es einen solchen Tisch noch geben!) In ein verhältnismäßig stilles, kleines Lokal. Vielleicht hinaus auf die Terrasse, so im Spätsommer oder Herbst. Dann ist das Wetter schon kühler und außer uns gibt es gar keine Gäste. In der Vorhalle eines Kinos. Unter der Tribüne eines verlassenen Fußballstadions. In einer Kirche der Vorstadt, ganz zusammengezogen in der letzten Bank. Möglich, dass wir einfach auf der Straße zusammenstoßen. Zwei Passanten. Zwei denkbar müde Passanten, die aber dennoch immer auf etwas warten.

Wo auch immer wir zusammenstoßen: Er wird sich nicht abwenden von mir. Er wird das Kind erkennen, das so hingebungsvoll gebetet hat. Das Beten brach dann zwar unerwartet ab, aber deswegen wird Er nicht allzu böse sein. Das Schweigen ist immer noch erträglicher, als das leere, auswendig gelernte Herunterleiern. Aus der Stille kann immer etwas geboren werden.

Jetzt aber würde ich vielleicht diese Stille gern brechen. Bestimmt würde ich mit irgendeiner dummen Klage beginnen. Ein mattes Lied, mein Klagen. Würde doch Er den Anfang machen!

Nein, fragen würde ich ganz bestimmt nichts. Ich würde Ihn nicht ausfragen nach Kriegen, Seuchen, Hungersnot und Hochwasser. Wenn Er etwas sagen will, dann soll Er es von sich aus tun.

Er soll nur nicht anfangen mich zu beruhigen, sonst ...

Kann es sein, dass wir aneinander geraten? Dass ein großer Streit in der Luft liegt, der dann auf einmal explodiert? Auch das wäre nicht so schlimm. Wirklich streiten konnte ich mich sowieso immer nur mit denen, die ich liebe.

Eine Frage würde ich Ihm wohl dennoch gern stellen: Der Humor? Wohin ist der verschwunden?

Was für ein Humor ist das gewesen! Zunächst hat Er die Stimme des Esels von Bileam geschaffen, dann erst den Esel selbst.

Zuerst den Rock von Josef, dann Josef selbst!

Das also würde ich Ihn fragen wollen. Sonst würde ich Ihn in Frieden

lassen. Er soll sich nur an einen Kaffeehaustisch setzen,
in ein Lokal,
auf eine Terrasse,
in die Vorhalle eines Kinos,
auf eine Tribüne in einem Fußballstadion,
in eine Kirche der Vorstadt.
Und wenn Er nicht sprechen will – auch das verstehe ich.
Nach einer Zeit werden wir uns verabschieden. Er geht weiter seinen Weg, und ich auch.

*Iván Mándy*


**W**IR alle
sind
Blumen in Gottes Garten

Wir alle
haben
die Aufgabe

mit unseren Farben
unserem Leuchten
Gott zu ehren

gleich wo wir wachsen
im königlichen Garten
oder auf einer Müllhalde

*Eila Kratz*


**D**ENKE ich an Gott, muss ich seufzen;
sinne ich nach, dann will mein Geist verzagen.

*Psalm 77, Vers 4*

## *Der eine Gott – derselbe Gott?*

FÜR eine Radiosendung habe ich einmal türkische Schülerinnen und Schüler vom Kölner Hansa-Gymnasium interviewt:
*„Es gibt doch bloß einen Gott. Ich sag' immer: Unser ‚Allah' ist auch der Gott der Christen. Das ist doch nur ein anderer Name. Aber die wollen es nie einsehen. Die sagen: Wir haben unsern Gott. Also, ich finde, die denken falsch."* So sieht es der 13jährige türkische Schüler Serba. Als Muslim ist er schon seit früher Kindheit mit dem Gedanken vertraut: Juden, Christen und Muslime glauben an einen Gott. Und zwar an denselben. Für Serba ist Allah mit dem Gott der hebräischen Bibel und des Evangeliums identisch. Das sieht Vers 46 der 29. Sure des Korans übrigens genauso: „Wir glauben an das, was als Offenbarung zu uns, und was zu euch herab gesandt worden ist. Unser und euer Gott ist einer. Ihm sind wir ergeben."

Wenn Christen und Muslime von Gott sprechen, so werden Gemeinsamkeiten, aber auch Unterschiede deutlich: Beide Religionen preisen Gott als Schöpfer von Himmel und Erde. Loben ihn als ihren Erhalter, verehren ihn als Herrn der Geschichte und zukünftigen Weltenrichter. Für den Islam ist der eine und einzige, persönliche Gott Allah ein durch und durch „lebendiger Gott". Er hat die Welt geschaffen, führt sie einem Ziel zu, handelt in und an ihr. Mit diesem Gott kann der Mensch in einen Dialog treten. Allah meint es gut mit seinen Geschöpfen. Man sollte nicht den angeblich fernen Allah der Muslime dem nahen Gott des Christentums gegenüberstellen. Einerseits gilt ja: Gott ist nach dem Koran „dem Menschen näher als dessen eigene Halsschlagader". Andererseits sind Allahs Erhabenheit und Ferne für ihn kein Hinderungsgrund, eine besonders enge, auf dem Prinzip der „Barmherzigkeit" beruhende Beziehung zum Menschen aufzubauen.

Eine Besonderheit des christlichen Gottesbildes, die heutzutage nicht nur von Theologinnen kritisiert wird, ist die Vorstellung von Gott als „liebenden Vater", mit dem man enge Gemeinschaft haben kann. Gott als „unseren" oder „meinen" Vater anzureden, gehört allerdings zu den Urphänomenen der Religionsgeschichte. Die Tatsache, dass in der Predigt Jesu die Rede von der rettenden Nähe des Vatergottes unüberhörbar im Zentrum steht, scheint auf einen deutlichen Unterschied zum Islam aufmerksam zu machen. Dieser versteht Gott tatsächlich nicht als Vater. Gott ist im Koran „Herr" und „Lehrer", der Mensch sein „Diener" und „Belehrter". Aber kein Sklave, der im Staub vor einem Despoten liegt, sondern jemand, der sich von der Nähe Gottes umsorgt weiß. Allah ist trotz seiner Macht „milder und barmherziger als hundert Väter und Mütter". Der Ausdruck Vater wird im Islam meist in einem physischen Sinne verstanden. Wenn Gott Vater sein soll, dann muss er eine Frau haben. Angesichts des altarabischen Polytheismus mit seinen Göttern und Göttinnen erscheint die Verweigerung der Vater-Anrede durchaus konsequent.

Mehr als 700 Mal ist im Koran von Gottes „Barmherzigkeit" die Rede. Jede Sure, mit Ausnahme der neunten, beginnt mit der Formel: „Im Namen des barmherzigen Erbarmers". Gottes Barmherzigkeit ist das großzügige Angebot Gottes an die von ihm geschaffenen und umsorgten Menschen. Wichtige Hinweise auf die göttliche Barmherzigkeit sind die Schöpfung und die wohltätige Ordnung der Natur. Sodann die vielerlei „Zeichen", die von verständigen Menschen in ihrer symbolischen Beziehung zu Gott entschlüsselt werden. Die Sendung der Propheten versteht der Islam als weiteren Erweis der grundlosen Barmherzigkeit Gottes. Das größte Ereignis des göttlichen Angebotes an die Menschen aber ist der Koran. Kein Gesetzbuch, sondern „ein gewaltiger Hymnus zu Ehren der göttlichen Schöpfung". *Udo Tworuschka*


F*ÜR* diejenigen, die an Gott glauben,
ist keine Erklärung notwendig.
Für diejenigen, die nicht an Gott glauben,
ist keine Erklärung möglich.
*Franz Werfel*

### *an gott*

dass an gott geglaubt einstens er habe
fürwahr er das könne nicht sagen
es sei einfach gewesen gott da
und dann nicht mehr gewesen gott da
und dazwischen sei garnichts gewesen
jetzt aber er müsste sich plagen
wenn jetzt an gott glauben er wollte
garantieren für ihn könnte niemand
indes vielleicht eines tages
werde einfach gott wieder da sein
und garnichts gewesen dazwischen
*Ernst Jandl*

### Donnerstagmorgen

An einem lauen Mittwoch im Mai fühlte Gott sich gar nicht wohl. Er blickte in den Spiegel, strich sich über den weißen Bart und murmelte: „Du sahst auch schon mal besser aus". Dabei huschte ein müdes Lächeln über sein zerfurchtes Gesicht. Er beschloss, früh ins Bett zu gehen.
Es wurde Abend und es wurde Morgen. Gott erwachte nicht mehr zu diesem neuen Tag. Und die Sonne lachte unbekümmert vom Himmel herab.
*Georg Schwikart*

Und das Wort ist Fleisch geworden
und hat unter uns gewohnt.

Und das Fleisch ist Wort geworden
und ist unter uns verhallt.
*Georg Schwikart*

**Lieber** Gott,
ich danke dir für mein Leben und alle schönen Sachen, die mir Freude und Glück gemacht haben. Ich wünsche mir so sehr, dass du mir nur einmal antwortest. Und dass ich dir richtig folgen kann.
Nun, ich habe ein paar Sachen, die mich bedrücken:
1. Mein Regenschirm ist weg.
2. Meine Freundin Nadine ist wahrscheinlich sauer auf mich.
3. Morgen ist Sport und davor habe ich Angst.
Ich glaube, du hast eine ganz selbstsüchtige Person erschaffen: Mich!
Ich nerve dich doch bestimmt sehr mit meinen Sorgen, oder nicht?
Bitte lass es denen gut gehen, die es verdient haben! Ich glaube an dich!
*Ein neunjähriges Kind*

**Das** historische Schicksal des Menschen ist, die Gottesidee bis zum Ende durchzuführen. Nachdem wir alle Möglichkeiten der Gotteserfahrung erschöpft, Gott in allen Spielformen ausprobiert haben, werden wir unvermeidlich zum Überdruss und Ekel gelangen; danach erst werden wir erleichtert aufatmen. Im Kampf gegen einen Gott, der seine Zuflucht in den geheimsten Falten unserer Seele gefunden hat, liegt dennoch ein undefinierbares Unbehagen, das aus unserer Angst herrührt, ihn zu verlieren. Wie könnten wir uns an seinen Überresten weiden, wie sollten wir in aller Ruhe die Freiheit genießen, die eine Folge seiner Auslöschung ist?
*Émile Michel Cioran*

**Gott** stirbt nicht an dem Tag, an dem wir nicht länger an eine persönliche Gottheit glauben, aber wir sterben an dem Tag, an dem das Leben für uns nicht länger von dem stets wiedergeschenkten Glanz des Wunders durchstrahlt wird, von Lichtquellen jenseits aller Vernunft.
*Dag Hammarskjöld*

Gott, der große Abwesende, wich mir zeit meines Lebens nicht von den Fersen und fast hätte ich dafür den höchsten Preis bezahlt. Als Christ „jüdischer Herkunft" geboren, Agnostiker, wenn nicht Atheist geworden, hatte ich wirklich alle Chancen, von niemandem als seinesgleichen angenommen und vom Schicksal dazu verdammt zu werden, als Seife oder Rauchfahne zu enden. Alle hielten mich für etwas, das ich nicht war, für unecht die einen, für einen Verräter die anderen, und heute, angesichts der Abwesenheit Gottes, bin ich glücklich wie ein Fisch im Wasser. Zur lange geplanten Vernichtung geboren, habe ich mich durchgeschummelt und bin immer noch da, wofür Gott nichts kann; nur ein Gendarm, eine verdrehte, perverse Heimleiterin, ein Dorfvikar und ein paar savoyardische Bauern können was dafür.

*Georges-Arthurs Goldschmidt*

## *Erwartungen*

Der Glaube an Gott ist heute vielen Zeitgenossen abhanden gekommen wie ein Gegenstand, den man selten braucht. Und sucht, wenn man ihn braucht, und nicht findet, wenn man ihn sucht. Vor dem geistigen Auge erscheint ein klares Bild, wo man ihn abgelegt hatte, doch wenn man hingeht, ist dort nichts. Nur wenige haben sich ja bewusst gegen Gott entschieden, sind überzeugte Atheisten. Die meisten haben Gott wie einen Kommunionsanzug in den Schrank gehängt. Dort ist er in Vergessenheit geraten und wenn er wieder getragen werden soll, passt er nicht mehr.

Der alte Glaube passt nicht mehr, der Glaube an den lieben Gott, der alles so herrlich regiert. Ich kenne das: Einmal, mitten in der heiligen Messe, schien mir die Vorstellung, Gott kümmere sich individuell um jeden Menschen, so absurd! Ich schwieg, stellte Singen und Beten ein, verweigerte die liturgischen Antworten und nahm an der Kommunion nicht teil. Aufstand gegen Gott! Meine Form albern, naiv, und doch die ehrlichste Reaktion, zu der ich fähig war.

Über manches kann man nicht mehr lachen, sich nicht mehr aufregen und ärgern, bei manchem kann man nur noch seufzen. Fast täglich sinne ich über Gott nach. In mir wechseln sich Hingabewillen und Blasphemie ab. Sogenannte Gottesbeweise ertrage ich nicht, und suche doch danach. Eindeutige Erklärungen verabscheue ich, und hungere doch danach.

Voriges Jahr haben wir in unserem Schlafzimmer ein Dachfenster einbauen lassen. Eine wunderbare Sache, man kann im Bett liegen und in den Sternenhimmel schauen. Manchmal fasziniert mich dieser Blick in die Unendlichkeit. Und dann wiederum verunsichert er mich: da ist Weltraum, aber bei alle den ungezählten Sonnen und Planeten kein Platz für Gott. – Ich sammle Argumente gegen Gott, und bin es doch leid, ihn gegen meine Vorwürfe in Schutz nehmen zu müssen.

Schnell versagt unser traditionelles Gottesbild, es überfordert einen Gott, den wir zum Göttchen herabgewürdigt haben. Wer Gott nur als einen „guten Onkel" sieht, der Trauungen und Familienfesten feierlichen Glanz verleiht, wird von diesem Gottesbild im Leiden enttäuscht werden müssen. Wie ein Haustier gezähmt, kann uns dieser Gott nicht mehr gefährlich werden.

Glaubende fragen sich, wie sie zusammenhängen: das Leiden und Gott. Schickt Gott das Übel, um die Menschen zu strafen oder zu prüfen? Ist das Leiden eine automatische Folge der Sünde? Spielt Gott ein grausames Spiel? Hat Gott sich aus der Welt zurückgezogen und sie dem Chaos überlassen? Ist der Widersacher am Werk, der Satan? Auch wenn an vielen Problemen der Mensch selbst schuld ist – Hunger müsste beispielsweise nicht sein, die Erde könnte alle ernähren, wenn nur die Verteilung der Güter gerecht verliefe – so bleibt doch die Frage: „Warum lässt Gott dies alles zu?"

Keine Antwort scheint zu befriedigen. Die Frage ist so alt wie die Menschheit. In vielen Religionen und Kulturen wurde sie gestellt. Religiöse Menschen beziehen Gott in ihr Reden, Tun und Denken mit ein: Wie kann Gott zulassen, dass unschuldige Menschen leiden, unter anderen Menschen, unter Launen der Natur – die Gott selbst erschaffen hat?

Gott aber schweigt. Und dieses ausdauernde Schweigen hat immer wieder Gläubige dazu bewogen, den Glauben aufzugeben. Das Vertrauen in eine alles lenkende Macht – enttäuscht! Die Hoffnung, Gott werde retten – dahin! Gott sitzt auf der Anklagebank: Erkläre dich! Wo warst du in der Stunde der Not? – Er schweigt. Sind wir gar einer schönen Illusion aufgesessen, der Illusion eines liebenden Vaters, der ein Herz für die Seinen hat?

„Die Gottesfrage erledigt sich schon von selbst, wenn du erst einmal mitten im Leben stehst!", so predigten mir einst wohlmeinende Freunde. Und nun? Mit jedem Jahr werden die Fragen drängender. Ich meine oft, es spricht mehr gegen Gott, als für ihn. Aber was kann ich dafür, dass Gott existiert?

Der Jakob des Alten Testaments meditierte nicht über das Wesen Gottes, er kämpfte mit ihm. Dabei zog er sich einen Hüftschaden zu. Ein unangenehmes Andenken an diese Begegnung. Dennoch eine Trophäe. Wer es mit Gott zu tun bekommt, kann nicht schadlos aus dem Ring steigen. Obacht vor allen Gläubigen, die ohne zu hinken voran schreiten! Auf in den Kampf.

*Georg Schwikart*

**I**CH steh vor dir mit leeren Händen, Herr;
fremd wie dein Name sind mir deine Wege.
Seit Menschen leben, rufen sie nach Gott;
mein Los ist Tod, hast du nicht andern Segen?
Bist du der Gott, der Zukunft mir verheißt?
Ich möchte glauben, komm mir doch entgegen.

Von Zweifeln ist mein Leben übermannt,
mein Unvermögen hält mich ganz gefangen.
Hast du mit Namen mich in deine Hand,
in dein Erbarmen fest mich eingeschrieben?
Nimmst du mich auf in dein gelobtes Land?
Werd ich dich noch mit neuen Augen sehen?

Sprich du das Wort, das tröstet und befreit
und das mich führt in deinen großen Frieden.
Schließ auf das Land, das keine Grenzen kennt,
und lass mich unter deinen Kindern leben.
Sei du mein täglich Brot, so wahr du lebst.
Du bist mein Atem, wenn ich zu dir bete.
*Huub Oosterhuis*


**I**N jedem Menschen ist ein Abgrund,
den kann nur Gott füllen.
*Blaise Pascal*

## *Er ist da*

Warum ich glaube?

weil die Wucht
der Begegnung mit Gott
in mir den Glauben gebar?

weil es absurd ist?
weil es bequem scheint?
weil es schon immer so war?

viele Fragen
zu dieser Frage
so lange mein Herz noch schlägt

ich bin mit dem Glauben
längst nicht fertig
und spüre doch: er trägt

Die Naturwissenschaft hat nirgends einen Gott entdeckt, die Erkenntniskritik beweist die Unmöglichkeit der Gotteserkenntnis, die Seele aber tritt hervor mit der Behauptung der Erfahrung Gottes. Gott ist eine seelische Tatsache von unmittelbarer Erfahrbarkeit. Wenn dem nicht so wäre, so wäre von Gott überhaupt nie die Rede gewesen. Die Tatsache ist in sich selbst gültig, ohne irgendwelcher nichtpsychologischer Nachweise zu bedürfen, und unzugänglich für jegliche Form nichtpsychologischer Kritik. Sie kann sogar die unmittelbarste und damit die allerrealste Erfahrung sein, die weder belächelt noch wegbewiesen werden kann. Nur Leute mit schlechtentwickeltem Tatsachensinn oder abergläubischer Verbohrtheit können sich dieser Wahrheit gegenüber verschließen.
*Carl Gustav Jung*


Gott ist das, was uns unbedingt angeht.
*Paul Tillich*


Wer nicht freudig ist, ist nicht gescheit. Aber es ist so viel Jammer und Elend unter den Menschen; das legt sich manchmal wie ein Druck auf einen. Es kommt plötzlich eine Schwermut; man kann die Tränen kaum zurückhalten und weiß nicht, woher. Kommt das bei mir, dann schließe ich mich ein, damit niemand es sieht. Wir sollen dann um die Freudigkeit bitten ebenso wie um den Heiligen Geist. Denn wir brauchen Freudigkeit für uns und für andere und dürfen der Schwermut nicht nachgeben! Machen wir einen Menschen froh, so ist das viel wichtiger, als wenn wir viele bekehren. Froh machen: das ist Gott die Ehre geben; das ist Friede auf Erden und den Menschen ein Wohlgefallen bringen. Und bringt nur erst wieder Gerechtigkeit in die Freude! Bringt Wahrheit in die Freude! Dann kommt es zur wahren menschlichen Kultur und das ist Christus in dem, was er bringen wollte.
*Christoph Blumhardt*

## *Genügsamkeit*

Über den Sternen throne ich,
weil mir deine Gaben genügen.
Ich freu' mich am süßen Ton der Pauken,
da ich auf dich vertraue.

Ich küsse die Sonne, umarme den Mond
und halte ihn fest; mir genügt,
was sie für mich ersprießen lassen.
Was sollte ich mehr noch wünschen,
dessen ich gar nicht bedarf?

Alles erweist mir Barmherzigkeit.
Im Hause meines Königs darf ich wohnen,
sitze beim königlichen Mahl,
weil eine Königstochter ich bin.
*Hildegard von Bingen*


## *Nach dem Gewitter*

Heute ist sie ein Lied
Mit grünen Zukunftsaugen
Das hauchdünne Eis auf meiner Seele
Eine entwaffnend schlichte Antwort

Heute
Unendlich sanft und tief
Die Anwesenheit

Zerstreut nennt man sie
Gott
*Ghalia El Boustami*

## *uni versum*

**W**AS wär' der Himmel ohne die Sterne?
Was wär' die Stille ohne den Laut?
Etwas hebt sich von etwas ab.

Was wär' der Raum ohne die Dinge?
Was wär' der Traum ohne den Tag?
Etwas hebt sich von etwas ab.

Was wär' der Lenz ohne den Tod?
Was wär' das Leben ohne die Not?
Und Gott? ...

„Wir sehen durch einen Spiegel
in einem dunkeln Wort;
dann aber
von Angesicht zu Angesicht."
*Halina Nitropisch*

## *Yusuf spricht mit Gott*

**A**LS er die Kirche betritt, sieht sich Yusuf um und stellt erleichtert fest, dass er allein ist. Langsam geht er nach vorne zu dem steinernen Tisch mit dem Kreuz darüber, weil er glaubt, dass es der richtige Ort sein muss, an dem er mit dem Gott der Christen reden kann.
„Guten Tag, Gott", sagt er und erschrickt über das Echo in dem hohen Raum. „Ich bin Yusuf Sen, ein gläubiger Muslim, und möchte mit dir sprechen, weil mein Herz krank ist. Allah hat mir vier Söhne und eine Tochter geschenkt. Im wahren Glauben habe ich sie erzogen, sie viel lernen lassen, damit sie eine gute Arbeit bekommen. Hatice, die Allah mit großer Klugheit gesegnet hat, ist sogar Ärztin geworden. Aber plötzlich ist alles in Unordnung geraten, weil sie einen Fremden heira-

ten will, einen, der in deiner Kirche betet. Meine Frau weint und meine Söhne sind wütend, sagen, ich hätte Hatice zu viel Freiheit gelassen und müsse sie verstoßen, um die Ehre der Familie zu retten. Nun frage ich dich, Gott der Christen, haben meine Söhne Recht oder Kollege Karl, der sagt, dass ich Hatice nicht bestrafen dürfe, weil sie einen Menschen liebt, der zufällig Christ ist. Wir würden doch alle an den einen Schöpfer glauben und Streit gäbe es nur, weil wir uns nicht die Mühe machten, den anderen zu verstehen."

Lange lässt Yusuf die Gedanken durch seinen Kopf wandern. Dann verbeugt er sich. „Danke Gott, dass du mir die Weisheit gegeben hast, mein Herz entscheiden zu lassen", sagt er und geht.

*Rosemarie Pfirschke*

## *Die 99 Namen Gottes*

DER Erbarmer, der Gnädige, der König, der Heilige, der Frieden, der Sichernde, der Kontrollierende, der Allmächtige, der Unterwerfer, der Stolze, der Schöpfer, der Verwirklichende, der Gestalter, der Verzeiher, der Unterwerfer, der Gebende, der Versorger, der Öffner, der Allwissende, der Einschließende, der Gewährer, der Erniedriger, der Erhöher, der Ehrende, der Demütigende, der Hörende, der Sehende, der Richter, der Gerechte, der Milde, der Kundige, der Nachsichtige, der Großartige, der Verzeihende, der Dankbare, der Hohe, der Große, der Erhaltende, der Ernährende, der Berechnende, der Majestätische, der Großzügige, der Wächter, der Erhörer, der Umfassende, der Weise, der Liebevolle, der Ruhmreiche, der Erweckende, der Zeuge, der Wahrhaftige, der Beschützer, der Kraftvolle, der Solide, der Herrscher, der Preiswürdige, der Aufzeichnende, der Urheber, der Wiedererweckende, der Lebensspendende, der Tötende, der Lebendige, der Beständige, der Seingebende, der Glorreiche, der Einzige, der Eine, der Absolute, der Bemessende, der Mächtige, der Vorverlegende, der Aufschiebende, der Erste, der Letzte, der Offenbarer, der Verborgene, der Schutzherr, der Erhabene, der Gütige, der die Reue Annehmende, der Vergelter, der Vergeber, der Barmherzige, der Inhaber aller Reichtümer, der Herr der Majestät und der Ehre, der Unparteiische, der Versammler, der Unabhängige, der Befreiende, der Schützende, der Erzeuger der Not, der Wohltäter, das Licht, der Führer, der Erfinder, der Bleibende, der Erbende, der Lenker, der Geduldige.

*Aus dem Islam*

## *Hymne an den Unendlichen*

Zwischen Himmel und Erd hoch in der Lüfte Meer,
in der Wiege des Sturms trägt mich ein Zackenfels,
 Wolken türmen
 unter mir sich zu Stürmen,
schwindelnd gaukelt der Blick umher
 und ich denke dich, Ewiger.

Deinen schauernden Pomp borge dem Endlichen,
ungeheure Natur! du der Unendlichkeit
 Riesentochter!
 Sei mir Spiegel Jehovas!
Seinen Gott dem vernünftgen Wurm
 orgle prächtig, Gewittersturm!

Horch! Er orgelt – den Fels wie er herunterdröhnt!
Brüllend spricht der Orkan Zebaoths Namen aus.
 Hingeschrieben
 mit dem Griffel des Blitzes:
Kreaturen, erkennt ihr mich?
 Schone, Herr! wir erkennen dich.

*Friedrich Schiller*

**Ich** soll zwei bis drei Jahre alt gewesen sein, so erzählten meine Eltern immer.

Vater wollte am Haus Klee mähen. Er hatte zwei Trakhener Pferde vor die Mähmaschine gespannt, einen Rappen und eine braune Stute. Vater war kurz weggegangen. Als er zurückkam, setzte er sich auf die Mähmaschine und trieb die Pferde an. Aber sie gehorchten nicht und fingen an zu trampeln.

Vater trieb die Pferde wieder an. Der Rappe und die Stute gingen mit den Vorderfüßen hoch und standen nur noch auf den Hinterbeinen. Darauf ging Vater nach vorne um zu sehen, was da los war.

Da soll ich vor den Pferden im Klee gesessen und gespielt haben. Hätten die Pferde angezogen, wäre ich von der Mähmaschine mit den scharfen Messern zerschnitten worden. *Erika Hermund*

## *... und ging vorüber wie ein Hauch*

**Seit** Jahrtausenden kommt Sie von den Bergen herab, wieder und wieder und immer neu. Die Haare gelöst, sie flattern im Wind. Den Rock geschürzt, um ungehindert ausschreiten zu können. Ein Lächeln um die Augen und um die Mundwinkel. Wie von weit her. Sie lässt sich nicht orten. Sie ist überall und doch nirgends.

Schon meintest du, Sie zu erkennen. Doch ehe du Ihr voll ins Antlitz schauen kannst, ist Sie vorbei wie ein Windhauch. Du spürst nur noch die Kühle im Nacken.

Überall, wo Berge sind oder bewaldete Hügel und bewachsene Hänge, Rebstock oder Macchia oder karstiges Gestein, ist Sie zu finden. Du musst nur ganz still sein. Nichts wollen. Nichts wünschen. Dann kann es geschehen, dass Sie dir unvermutet entgegen, dass Sie über dich kommt.

Du meinst, in Ihrem Lächeln noch das Lied zu hören, das eben verklungen ist. Das Lied aus den unzähligen Poren der Erde. Es klingt vom Golan bis zum Goyotepe, schwirrt vorüber mit den Libellen, flattert über dir wie ein grauweißer, kleiner Vogel, torkelt wie ein Schmetterling, den der Sommerwind erfasst hat. Bunt, farbig und vielstimmig.

Das Lied voll Lachen und gefüllt mit Tränen.

Sie kommt von oben herunter, leichtfüßig wie eine der kleinen Bergziegen, die überall die Erde bevölkern. Sie nennt sich Sulamith oder Fatima oder Mary oder Colette oder Anniki hoch aus dem Norden. Welchen Ort du gerade erwählt hast, Sie hat ihr eigenes, je anderes Gesicht.

Du kannst Sie erwarten, jedoch nicht herbeirufen. Bereit sein, doch nicht erzwingen. Du kannst Sie anschauen, aber nicht festhalten. Sie lässt sich nicht halten. Und Sie antwortet dir auf Fragen, die du noch nicht gestellt hast.

Sie, die Nachtäugige, die Geschichten erzählt. Die ganze Nacht hindurch bis zum ersten Schimmer des Morgenlichtes, das vor der Sonne die Spitzen der Hügel von dunkelsilber zum hellrosa wechseln lässt. Geschichten, in denen du dich unvermutet wieder findest. Aber ehe du Sie fragen kannst, woher Sie denn weiß, hat Sie sich aufgelöst – hinein in den heiseren Schrei des Kranichs, der sich dicht vor deinen Augen mit der Schwere seiner Schwingen hinaufgehoben hat in den hellen, sonnenerleuchteten Himmel.

Sie ist die hellhäutige oder schwarzglänzende Frau, kräftig oder zerbrechlich, die unaufhörlich ihr Tagwerk verrichtet, ohne auf sich selber Rücksicht zu nehmen, damit das Leben weitergehen kann.

Oder Sie sitzt am Bach, wenn du einen Strauß gelber Wucherblumen gepflückt hast und sendet dir einen Ihrer Blicke ins Herz hinein.

Und Sie steht hinter der, die das Buch mit den alten Worten in den Händen hält und mit geschlossenen Augen einen Text liest, halblaut vor sich hin. Ihr Körper schaukelt im Singsang der Versenkung.

Sie bringt die Sonne zum Glühen und den Mond zum Leuchten. Sie lässt Regenwolken sich öffnen und verströmen. Sie fährt in die Wellen des Meeres, damit sie ihren Rhythmus finden von sanfter Dünung bis hin zur sich brechenden Gischt.

Sie ist im Röcheln des Sterbenden. Noch ehe seine Augen gebrochen und starr in die Welt blicken, die schon nicht mehr die seine ist, hat er Sie noch erkannt.

Sie ist der Schrei im schmerzverzerrten Mund der Gebärenden.

Sie tritt im kalten, blutigen Schweiß aus der gemarterten Haut des Gefolterten und nimmt ihn hinein in Ihre barmherzige Ohnmacht.
Sie, die Mächtige, schwingt hin und her geworfen zwischen dem stammelnden Stöhnen der Liebenden.
Sie ist immer von Neuem und nie zu fassen. Auch nicht im Glorienschein der Madonna. Nicht kerzenumhüllt und festgezurrt in ein Bildnis hinein, anscheinend lächelnd, Sicherheit und Glück verheißend. Sie wechselt ständig ihr Aussehen und ist an keinem Ort der Geschichte zu finden. Nicht wallfahrtsfähig. Nicht willfährig neugierigen Blicken. Oft wird Sie mit Füßen der Missachtung und des Unverständnisses getreten.
Und doch, Sie kommt, seit Jahrtausenden, kommt Sie herab. Solange es Menschen gibt. Solange du und ich noch atmen. Solange wir es immer wieder von Neuem vermögen, aus dem Rad des Alltäglichen herauszutreten und in den Fluss des unsichtbaren Geschehens einzugehen – solange kommt Sie über die Berge, leichtfüßig, lichtdurchflutet, und geht vorüber wie ein Hauch.

*Benita Glage*


**O**HNE Gott bin ich ein Fisch am Strand,
ohne Gott ein Tropfen in der Glut,
ohne Gott bin ich ein Gras im Sand
und ein Vogel, dessen Schwinge ruht.
Wenn mich Gott bei meinem Namen ruft,
bin ich Wasser, Feuer, Erde, Luft.

*Jochen Klepper*


**G**OTT lebt in einem unzugänglichen Licht.
Keiner hat ihn jemals gesehen.
*Nach 1. Brief an Timotheus, Kapitel 6, Vers 16*

## *Die Tiefe des Raumes*

Die Vorstellung der Tiefe des Raumes verbinden wir gern mit einem geflügelten Wort aus der Sprache der Sportwelt: „Und Netzer kam aus der Tiefe des Raumes". Wir verbinden sie im täglichen Leben weniger mit einem Kirchenraum. Umso erstaunter war ich, als ich kürzlich aus dem Munde einer jungen Chinesin die folgende Aussage anlässlich eines Deutschlandbesuches hören konnte: „Eure Kirchenräume sind mir zu tief. Kaum hatte ich das Ulmer Münster betreten, schon habe ich wieder kehrtgemacht." Wovor hatte sie Angst? Sie fürchtete sich vielleicht davor, in etwas hineingezogen zu werden, das sie nicht begreifen konnte oder wollte.

Es ist eben dieser Moment einer Verfügung über mich, der mich unter der Woche Kirchenräume aufsuchen lässt – meist katholische, denn nur diese sind in der Regel offen.

Wir fragen oft, was war die erste Liebe, selten, was war die letzte. Nie fragen wir, welche war die erste Kirche, die du betreten hast, als wäre Kirchenraum gleich Kirchenraum. Manche Kirchen haben keine Räume, so zum Beispiel die nach dem Zweiten Weltkrieg umfunktionierten Schulen, die am Sonntag als Kirche dienen mussten. Dies war vielleicht mein erster unfreiwilliger „Kirchenraum" Anfang der 50er Jahre in Wietzenbruch, einem Vorort von Celle am Rande der Lüneburger Heide. Das Gefühl einer schlechthinnigen Abhängigkeit sollte ich dort nicht bekommen. Aber ich bekam es irgendwann, während ich in den Ferien die Großmutter besuchte. Sie wohnte bis 1967 in der Kalandgasse 2 und blickte auf die Stadtkirche von Celle. Dort ging ich bald aus und ein, nicht nur an Sonntagen. Und wenige hundert Meter weiter gab es die Schlosskirche, die schon am Samstagnachmittag zum Gottesdienst einlud. Heute steht ihre Pracht nur noch den Touristen offen und ich habe sie auch aus anderen Gründen durch die Schlosskirche von Bonn ersetzen müssen. Aber eines hat mich aus den Kindheits- und Jugendtagen begleitet: die Dankbarkeit gegenüber den Baumeistern für die erfahrbare Tiefe eines unverfügbaren Raumes.

*Wolfgang Kubin*

## *Sein grüner Dom*

Als ich an diesem Maientag
spazierte durch den grünen Wald,
sah ich ihn vor mir stehn, den Dom,
so klar und auch so wunderschön.

Es schien der Weg ein Kirchengang
und hohe Buchen säumten ihn,
als trügen sie den Säulen gleich
ein herrlich heilig Gotteshaus.

Das grüne Blätterwerk dort oben,
es wölbt' sich gleich dem Kirchendach,
und Sonnenstrahlen glitzernd brachen
sich wie das Licht im bunten Glas.

Die Vögel sangen hier so schön
wie unser Chor die Kirchenlieder,
Friede zog ins Herz mir ein und Glück,
in Seinem grünen Dom zu Gast zu sein.
*Barbara Held*

---

Da antwortete ihm der Herr: „Komm aus deiner Höhle heraus, und tritt vor mich hin! Denn ich will an dir vorübergehen." Auf einmal zog ein heftiger Sturm herauf, riss ganze Felsbrocken aus den Bergen heraus und zerschmetterte sie. Doch der Herr war nicht in dem Sturm. Als nächstes bebte die Erde, aber auch im Erdbeben war der Herr nicht. Dann kam ein Feuer, doch der Herr war nicht darin. Danach hörte Elia ein leises Säuseln. Er verhüllte sein Gesicht mit dem Mantel, ging zum Eingang der Höhle zurück und blieb dort stehen.
*1. Buch der Könige, Kapitel 19, Verse 11 bis 13*

## *Bekenntnisse*

Groß bist du, o Herr, und deines Lobes ist kein Ende; groß ist die Fülle deiner Kraft, und deine Weisheit ist unermesslich. Und loben will dich der Mensch, ein so geringer Teil deiner Schöpfung; der Mensch, der sich unter der Last der Sterblichkeit beugt, dem Zeugnis seiner Sünde, einem Zeugnis, dass du den Hoffärtigen widerstehest; und doch will dich loben der Mensch, ein so geringer Teil deiner Schöpfung. Du schaffest, dass er mit Freuden dich preise, denn zu deinem Eigentum erschufst du uns, und ruhelos ist unser Herz, bis es ruhet in dir. Kläre mich auf, o Herr, und lass mich erkennen, ob wir dich zuerst anrufen oder dich preisen; ob wir dich eher erfassen als anrufen sollen? Doch wer ruft dich an, solange du ihm unbekannt bist? Könnte dich, der dich nicht erkennt, statt des einen ein anderes Wesen anrufen? Oder wirst du zuvor angerufen, auf dass du erkannt werdest? Wie sollen sie aber anrufen, an den sie nicht glauben? Wie sollen sie aber glauben an den, der ihnen nicht gepredigt worden? Loben werden den Herrn, die ihn suchen. So ihn aber suchen, werden ihn finden, und die ihn finden, werden ihn loben. Ich will dich suchen, o Herr, im Gebet, und ich werde dich anrufen im Glauben: denn du bist uns verkündigt worden. Mein Glaube, den du mir gegeben, o Herr, ruft dich an, mein Glaube, den du mir einhauchtest durch die Menschwerdung deines Sohnes durch die Vermittlung deines Predigers.

*Aurelius Augustinus*


Morgentautropfen schimmern im Gras
funkeln perlengleich auf Spinnennetzfäden
Nebelfahnen schweben an Bäumen empor
vielstimmig
singen die Vögel ihr Lied
mit einem Loblied danke ich dir, Herr,
und begrüße den neuen Tag

*Mechthild Waringer*

„Warum fällt ein Stein nach unten? Warum fällt ein Stein nicht nach oben? Warum schwimmt Holz auf dem Wasser? Warum fliegt es nicht?"

Die Erwachsenen wissen es. Es gibt Naturgesetze; die Kinder ahnen das auch, aber sie sind dagegen.

Es gab eine Zeit, da war auch die Kirche dagegen – dagegen, dass die Erde rund ist zum Beispiel. Das war so etwas wie Utopie, schlechte oder gute, es war der Glaube an Utopia, an den Ort, den es nicht gibt. Es gab eine Zeit, da erklärte die Kirche die Wahrheit zur Ketzerei. Als sie die Wahrheit nicht mehr verhindern konnte, erklärte sie die Naturgesetze für göttlich. In beiden Fällen, so nehme ich an, aus keinem anderen Grunde, als um menschliche Hoffnung zu verhindern: die Hoffnung darauf, dass etwas anders sein könnte, als es ist.

Ich weiß nicht, was göttlich daran sein soll, wenn ein Stein nach unten fällt, und ich weiß nicht, was göttlich daran sein soll, wenn er nach oben fallen würde. Mich fasziniert das auch, dass das alles zusammenpasst und so etwas ergibt wie einen Sinn, aber wenn dieser Gott nichts anderes ist als ein Naturorganisator, dann, bitte, dann interessiert er mich nicht. Dann will ich auch dann nichts mit ihm zu tun haben, wenn es ihn gibt. Dann interessiert er mich nicht mehr, als mich mein Oberst interessiert oder mein ehemaliger Schulhauswart. Dann ist er nicht mehr als ein Ordnungsfanatiker, ein Schreibtischtäter.

(Ich halte das nicht für Gotteslästerung, weil ich einen solchen nicht für Gott halten würde.)

*Peter Bichsel*

### *Den Wind sehen*

So sprach er: „Hast du ihn gesehen?
Hast du …? Und ob es ihn gibt.
Seinen Hauch spürst du im Gesicht,
im Haar. Baumzweige bewegen sich
– er ist es. Hast du ihn aber gesehen?
Gott ist auf dieselbe Art unsichtbar."

Windstill war gerade der Tag.

Ich habe gedacht, manchmal
kehren wir direkt vor dem Gewitter
heim. Verschließen Fenster, Türen,
verbarrikadieren uns vor ihm
– und atmen erleichtert auf.
*Adam Tadeusz Bakowski*
*(Übersetzung: Halina Nitropisch)*


MEINE SCHWINGEN AUSGEBREITET
gleite ich getragen vom Wind
du hast mich geschaffen
du hast gewusst
wie sehr ich das Fliegen brauche
wie ich es mag über die Wellen zu segeln
bei Sturm mit den Elementen zu kämpfen
du hast es gewusst und mich
als Möwe in die Welt gesetzt
Danke
*Amelie Deutgen*

**Ich** danke dir,
dass ich sehen kann
   der Liebsten Augen,
   den Ausblick ins Tal,
   einen leuchtenden Sonnenuntergang,
dass ich riechen kann
   Rosen und Flieder
   frisch gebackenes Brot,
dass ich hören kann
   den Ruf meines Kindes,
   Gezwitscher der Vögel,
dass ich schmecken kann
   herben Wein und süße Früchte,
   die Brise des Meeres,
dass ich fühlen kann
   die Hand des Freundes,
   Gras unter meinen Füßen.

Und schenke mir Einsicht,
wie kostbar diese Gaben sind,
wie unendlich kostbar.
      *Georg Schwikart*

**D**ER weiß nicht vom Advent,
der nie in düstrer Zelle saß im Abenddämmer.
Karg ist das Fenster. Schon am Tag
strömt Licht nur wenig in den engen Raum.

Doch kommt der Abend,
schleicht die Sonne früh von dannen,
und Nacht wirft dumpfen Mantel um den Raum,
Nacht, schreckbar, undurchdringlich.

Bleibt's immer Nacht?
Wird nie ein Sonnenstrahl mehr nah'n
und neuen Tag zur Hochzeit führen?

Ein schwaches Dämmerlicht
huscht noch durch schmalen Spalt herein, ein Zeuge,
dass nie die Sonne untergeht, dass bald
sie leuchtend sich erhebt aufs neue.
Ja, dass das Licht, dem sie den Rücken kehrten,
der Herr mit Macht und Herrlichkeit wird wiederkehren,
sein Reich zu gründen ewig.

Ich glaub' an den Advent.
*Max Josef Metzger*

**Das** erfuhr ich bei den Menschen als größtes Wunder,
als es Erde nicht gab noch Himmel,
nicht Baum noch Berg da war,
kein einziger Stern noch die Sonne schien,
der Mond nicht leuchtete noch die glänzende See.
Als da nichts war, nichts Endliches, nichts Unendliches,
war da der eine allmächtige Gott,
der gnadenreichste, und da waren auch manche mit ihm
göttliche Geister, und der Heiland.
Allmächtiger Gott,
du hast Himmel und Erde geschaffen,
und du hast den Menschen so manches Gut gegeben:
gib mir in deiner Gnade den rechten Glauben
und den guten Willen, Weisheit und Klugheit und Kraft,
den Teufeln zu widerstehen und das Arge zu meiden
und deinem Willen zu gehorchen.
*Wessobrunner Gebet*

**Sofort** tritt mir der muffige Geruch in die Nase, als sich die Wohnungstür öffnet. Es ist düster in diesem Wohnzimmer, eine fahle Glühbirne gibt nur spärliches Licht. Die Fenster sind dreckig, die Tapete vergilbt. Ein verschlissenes Sofa, daneben ein grüner Ohrensessel, im Teppich klebt der Schmutz. Mein Blick erfasst das alte Bücherregal, gleitet über die Buchrücken, meine Nackenhaare stellen sich auf, als ich die Titel erfasse – es sind die falschen. Die Atmosphäre ist beklemmend und drückend, ja schmerzhaft, die Zeit scheint anzuhalten, handlungsunfähig stehe ich inmitten dieser – meiner – Wohnung, die dem Zustand meines Herzens entspricht.
Doch plötzlich ... ein Surren, ein Singen, die Balkontür wird aufgerissen – oder mache ich sie selber auf? Die kühle Klarheit der Luft lässt mich erschauern, ich bin geblendet von gleißendem Licht, hingezogen, angstfrei, denn es ist pure Liebe, die mir entgegen schwappt und durch mich hindurch geht. Da kommt er, der König des Lichts – und zieht ein! Er bezieht seine neue Wohnung inmitten meines Herzens.
*Heiko Held*

## „Und der Atem Gottes ..."

Ich habe es gesehen, das Haus in Kafarnaum. Das Haus von Simon Petrus. Auch die Synagoge, in der Jesus predigte. Streifte meine Sandalen ab, berührte mit nackten Füßen speckglänzende Steinquader, wollte SEINE Nähe spüren. Aber das babylonische Stimmengewirr der Pilger verschloss mir die Sinne.

Nach Tabgha ging ich hinunter. Ort am See, wo Jesus fünf Tausend Menschen speiste. Nun ein prächtiges Gotteshaus, eifrig gehütet von Benediktinern. Endlose Touristenströme. Unaufhörlich zerbrochene Stille.

Ich stieg hoch nach Migdal, antikes Magdala. Schwelende Mittagsglut über erstarrtem Gassenlabyrinth. Eine Tür knarrte. Heraus trat eine Frau in langem Baumwollkleid. Das Kopftuch, kunstvoll im Nacken gerollt, bändigte kaum die Locken. Ein junges Gesicht, verwirrend schön an Ebenmaß und Reinheit. Verwundert fragten mich dunkle Augen, wen ich wohl hier suchte. Habe dich gerade gefunden, Maria aus Magdala. Maria Magdalena.

Ich gab mich nicht zufrieden. Legte mich abends an den See. Wartete auf das sanfte Leuchten, das Morgenröte ahnen lässt und blauschwarze Nacht verdrängt. Weit draußen ein Fischerboot auf friedlich atmenden Wellen. Nein, nicht Simon und Andreas. Sie heißen heute Amos oder Ethan.

Und dann strömten Pastellfarben in den Himmel: hellblau, türkis, rosa, zartgelb. Staunend schaute ich ins Kaleidoskop. Vermischten, lösten, umkreisten, durchzogen sich in Schlieren, setzten sich in immer neuen, sinnbetörenden Bildern zusammen. Der See erhob sich seufzend aus seinem Bett. Eine einzige wilde Böe stürmte aus dem Osten heran und fuhr ins Nichts. Sie streifte hart mein Gesicht und ließ mich voller Scham zurück.

Dreieinigkeit. Nicht mehr nur ein Wort.

*Karin Chauvistré*

### *meine schritte*

meine schritte
kreisen um die mitte

meine worte
suchen eine pforte

meine hände
tasten ab die wände

meine trauer
klagt an einer mauer

meine wunden
werden nicht verbunden

mein erblinden
wird dich endlich finden
*Wilhelm Willms*

Wer Gott liebt, hat keine Religion außer Gott.
*Rumi*

Wenn dein Herz wandert oder leidet, bringe es behutsam an seinen Platz zurück und versetze es sanft in die Gegenwart unseres Gottes. Und selbst, wenn du in deinem ganzen Leben nichts getan hast, außer dein Herz zurückzubringen, obwohl es jedes Mal wieder fortlief, nachdem du es zurückgeholt hattest, dann hast du dein Leben wohl erfüllt.
*Franz von Sales*

**I**ch lausche, doch ich weiß nicht:
Ist, was ich höre, Schweigen
oder ist es Gott?
Ich lausche, doch ich weiß nicht: Höre ich
den Widerhall von leeren Ebenen
oder ein aufmerksames Wissen, das
vom anderen Weltall-Ende her
mich anblickt und durchschaut?
Ich weiß nur: Ich geh meinen Weg wie jemand
Gesehenes, Geliebtes und Erkanntes
und darum lege ich in jede Geste
Erhabenheit und Wagemut.
    *Sophia de Mello Breyner Andresen*

## *Spurensuche*

Mich liebt keiner,
mich hasst keiner.
Man braucht mich nicht,
man benutzt mich nur.
An der Gleichgültigkeit
bin ich erfroren.

Und dir, bin ich
dir auch egal?
Ich, einer von Milliarden?
Hauch mich nur an
mit deiner Wärme,
die meine Leichenstarre löst,
wenn du dein Versprechen halten kannst:

Dass in diesem Leben
Liebe möglich ist.

Gott ist, woran einer sein Herz hängt.
*Martin Luther*

## *Die Party*

Frida steht unentschlossen im Türrahmen. Ihr kurzes Kleid ist übersät von Streublümchen. In der linken Hand hält sie eine Bierflasche. „Komm doch rein", ruft Alex ihr zu, „nirgendwo ist es so gemütlich wie in der Küche." Sie zögert noch einen Augenblick, dann stellt sie sich zu Alex und den anderen Jungs in die Küche. „Salute, Frida", sagt Alex. Frida prostet in die Runde, die Bierflaschen schlagen aneinander. Sie beobachtet Felix, der sich charmant mit einer Blondhaarigen unterhält, die etwas Spritziges in ihrer Gestik hat. Frida überlegt, ob sie eifersüchtig werden könnte.

Plötzlich wird ihr Gedanke unterbrochen. Alex zeigt ungelenk auf ihren Hals. „Was trägst du denn da für'n Klunker?", fragt er provozierend. „Was geht dich das an", erwidert sie barsch und dreht sich unwillkürlich zu Felix, der jetzt zu ihr herübersieht. Als hätte er die Frage gestellt, erzählt sie Felix, warum sie das schlichte Kreuz aus Silber trägt. Dass es ihr neulich beim Aufräumen in die Hände gefallen sei, dass ihre Mutter es immer getragen habe, dass sie es nach dem Tod ihrer Mutter geerbt, beinahe zehn Jahre irgendwo verstaut und vollkommen vergessen habe, weil sie es nicht tragen wollte. „Aber dann beim Aufräumen hat sich deine Welt verändert", wirft Felix ein. Seine Stimme hat einen Unterton, den Frida nicht deuten kann. Er blickt sie gelangweilt an. Frida holt sich ein neues Bier.

Nach der dritten Flasche geht sie mit einem ziehenden Gefühl im Magen heim. Sie ist wütend. Nicht auf Alex. Bei dem hätte sie dumme Sprüche erwartet. Außerdem ist ihr egal, was er über sie denkt. Aber dieser seltsam verächtliche Blick von Felix. –

Dass sie manchmal ihre Hände faltet und wieder betet, so wie früher als Kind, kann sie hier wohl niemandem erzählen.

*Adrienne Brehmer*

> **I**ch kreise um Gott, den uralten Turm,
> und ich kreise jahrtausendelang;
> und ich weiß noch nicht:
> bin ich ein Falke, ein Sturm
> oder ein großer Gesang.
>
> *Rainer Maria Rilke*

## *Das Lächeln des Krokodils*

**E**ines Abends im Mai wurde ich ganz unverhofft bei Gott zum Tee eingeladen. Ich fühlte mich selbstverständlich sehr geehrt und fand mich pünktlich ein. Gott hatte bei der Gelegenheit die Gestalt eines Krokodils angenommen. Ich erdreistete mich zu fragen, warum, und Gott antwortete: „Weil das deiner Auffassung von mir am besten entspricht."

Der Tee wurde von einem konventionellen Engel serviert – mit einem Sträußchen frischer Minze in der Teekanne nach orientalischer Weise und dazu einem Glas libanesischem Raki aus der Produktion der Gebrüder Chalhoub, eine Höflichkeit, die ich nur anerkennen konnte. Da es offensichtlich war, dass Gott mehr von mir wusste als ich von ihm, sprach ich offen.

– Warum hast du mich eingeladen?

– Weil ich viel Zeit habe. Im Gegensatz zu dir, der du bald sterben wirst.

– Aber hast du mir nicht Auferstehung und ewiges Leben versprochen, wenn ich nur an dich und deinen Sohn Jesus Christus glaube? Das habe ich zwar bis jetzt nicht getan, da mir die Information über dich unzuverlässig erschien, jetzt aber sehe ich dich ja mit meinen eigenen Augen, und jetzt glaube ich.

– Wohl kaum. Tatsächlich bezweifelst du das Zeugnis deiner Augen. Du vermutest, dass du träumst oder das Opfer einer Sinnestäuschung bist. Gewiss wird das ewige Leben der Lohn der Gerechten sein, doch die Rechtfertigung geschieht allein durch den Glauben. Was du in diesem Augenblick an Glauben besitzen magst, ist sehr vorübergehend. Morgen wirst du lieber an dir selbst zweifeln als an mich glauben. Morgen wirst du leugnen, was du erlebt hast, mit dem Hinweis auf Alkohol, mentalen Kollaps oder was dir eben einfällt. Du wirst dich an jedes Detail unseres Zusammentreffens erinnern, doch du wirst nicht daran glauben. Damit kann, was dich betrifft, von ewigem Leben keine Rede sein.

Auch wenn ich niemals größere Hoffnungen auf ein ewiges Leben gehegt hatte, empfand ich diesen Bescheid von höchster Stelle trotzdem als außerordentlich frustrierend. Gott nippte am Tee, was in Anbetracht der Gegebenheiten des Krokodilgebisses nicht leicht gewesen sein kann. Er fuhr fort:

– Die Situation ist zweifellos komisch. In zweitausend Jahren habe ich kein einziges Interview bewilligt. Verzweifelte Menschen zu Tausenden und Millionen – viele wirklich erschütternde Fälle – haben mich angefleht um ein einziges kleines Wort, doch ich habe geschwiegen. Eine Unzahl von Scharlatanen hat mit mehr oder weniger Erfolg von sich behauptet, mit mir oder einem mir Nahestehenden Kontakt gehabt zu haben. Geschwätz! Aber ich habe sie gewähren lassen. Nichtsdestoweniger wurden Massen von Christen Generation für Generation im Glauben an mich und meinen Sohn gerechtfertigt und somit qualifiziert für das ewige Leben. Während du, der du die einzigartige Vergünstigung genossen hast, mir persönlich zu begegnen, versuchen wirst, das Ganze als eine vorübergehende Form von Geistesverwirrung wegzuerklären. Wahrlich, ich sage, selig sind die, die nicht sehen und doch glauben.

Das Krokodilsgesicht als solches besitzt ja keine sonderlich bewegliche Mimik, doch glaubte ich, in der Gegend des Mundwinkels ein kleines Lächeln zu bemerken.

*Willy Kyrklund*

### *Neulich im Gottesdienst*

**H**UCH, schon wieder aufstehen?
*Ich glaube an Gott, den Vater*
Ich bin noch so müde.
*des Himmels und der Erde*
Dieser Krimi im zweiten Programm war doch total öde.
*Empfangen durch den Heiligen Geist*
Was mache ich denn heute nach dem Mittagessen?
*hinabgestiegen in das Reich des Todes*
Vielleicht rufe ich mal Tina an.
*auferstanden von den Toten*
Ins Kino?
*von dort wird er kommen*
Bloß nicht wieder so blöd rumhängen.
*die Lebenden und die Toten*
Oh, nein! Heute kommt ja Onkel Heinz zum Kaffee.
*Vergebung der Sünden*
Verwandte sind doch eine doofe Erfindung.
*die Auferstehung der Toten*
Das wird wieder so ein Mist-Sonntag, glaube ich.
*Amen*
    *Georg Schwikart*

**D**IE Menschen können den Weltinhalt so anwachsen lassen, dass Welt und Gott hinter ihm verschwinden, aber sie können nicht die Problematik ihrer Existenz aufheben. Sie lebt in jeder Einzelseele weiter, und wenn Gott hinter der Welt unsichtbar geworden ist, dann werden die Inhalte der Welt zu neuen Göttern.
*Eric Voegelin*

**D**ER Glaube wird erst echt, wenn er nicht der Glaube der selig Besitzenden ist, sondern wenn wir uns in die Reihe der anderen stellen, die mühsam und angefochten glauben und fragen, was eigentlich gemeint ist. *Karl Rahner*

**E**s waren zwei Mönche, die lasen miteinander in einem alten Buch, am Ende der Welt gebe es einen Ort, an dem der Himmel und die Erde sich berühren. Sie beschlossen, ihn zu suchen und nicht zurückzukehren, ehe sie ihn gefunden hätten.
Sie durchwanderten die Welt, bestanden unzählige Gefahren, erlitten alle Entbehrungen, die eine Wanderung durch die ganze Welt fordert, und alle Versuchungen, die einen Menschen vom Ziel abbringen können. Eine Tür sei dort, so hatten sie gelesen, man brauche nur anzuklopfen und befinde sich bei Gott.
Schließlich fanden sie, was sie suchten. Sie klopften an die Tür, bebenden Herzens sahen sie, wie sie sich öffnete, und als sie eintraten, standen sie zu Hause in ihrer Klosterzelle. Da begriffen sie: Der Ort, an dem Himmel und Erde sich berühren, befindet sich auf dieser Erde, an der Stelle, die Gott uns zugewiesen hat.
*Alte Legende*

**W**ENN ich zweifelnd nicht mehr weiter weiß und meine Vernunft versagt, wenn die klügsten Leute nicht mehr weiter sehen als bis zum heutigen Abend und nicht wissen, was man morgen tun muss – dann sendest du mir, Herr, eine unumstößliche Gewissheit, dass du da bist. Du wirst dafür sorgen, dass nicht alle Wege zum Guten versperrt sind.
*Alexander Solschenizyn*

## *Memorial*

Jahr der Gnade 1654
Montag, den 23. November, Tag des heiligen Klemens, Papst und
Märtyrer, und anderer im Martyrologium. Vorabend des Tages des
heiligen Chrysogonos, Märtyrer, und anderer. Seit ungefähr abends
zehneinhalb bis ungefähr eine halbe Stunde nach Mitternacht
Feuer
„Gott Abrahams, Gott Isaaks, Gott Jakobs", nicht der Philosophen
und Gelehrten. Gewissheit, Gewissheit, Empfinden: Freude, Friede.
Gott Jesu Christi
Deum meum et Deum vestrum. „Dein Gott wird mein Gott sein"
– Ruth – Vergessen von der Welt und von allem, außer Gott. Nur auf
den Wegen, die das Evangelium lehrt, ist er zu finden.
Größe der menschlichen Seele
„Gerechter Vater, die Welt kennt dich nicht; ich aber kenne dich."
Freude, Freude, Freude und Tränen der Freude. Ich habe mich von
ihm getrennt. Dereliquerunt me fontem aquae vivae.
„Mein Gott, warum hast du mich verlassen." Möge ich nicht auf ewig
von ihm geschieden sein.
„Das ist aber das ewige Leben, dass sie dich, der du allein wahrer Gott
bist, und den du gesandt hast, Jesum Christum, erkennen."
Jesus Christus!
Jesus Christus!
Ich habe mich von ihm getrennt, ich habe ihn geflohen, mich losgesagt von ihm, ihn gekreuzigt. Möge ich nie von ihm geschieden sein.
Nur auf den Wegen, die das Evangelium lehrt, kann man ihn bewahren.
Vollkommene und liebevolle Entsagung. Vollkommene und liebevolle
Unterwerfung unter Jesus Christus und meinen geistlichen Führer.
Ewige Freude für einen Tag geistiger Übung auf Erden. Non obliviscar
sermones tuos. Amen.

*Blaise Pascal*

Da sagte Mose zu Gott: Gut, ich werde also zu den Israeliten kommen und ihnen sagen: Der Gott eurer Väter hat mich zu euch gesandt. Da werden sie mich fragen: Wie heißt er? Was soll ich ihnen darauf sagen? Da antwortete Gott dem Mose: Ich bin der „Ich-bin-da".
*Buch Exodus / 2. Mose, Kapitel 3, Verse 13 und 14*

Glaubst du an Gott?
Nein, wir sind befreundet.
*Janosch (zugeschrieben)*

Gott, vor dir steht die leere Schale meiner Sehnsucht.
*Gertrud von Helfta*

Gott besucht uns häufig,
aber meistens sind wir nicht zu Hause.
*Sprichwort der Zulu*

Erfolg ist keiner der Namen Gottes.
*Martin Buber*

Der Theismus ist die tief verankerte Überzeugung,
dass es eine Hand gibt, die wir halten können.
*Pema Chödrön*

## *Lieblingsbriefe*

Mᴀɴᴄʜᴇ Briefe sind die liebsten Briefe und doch sind sie nicht an einen selbst gerichtet. Ich rede von den paulinischen Briefen, die mich in meiner Schulzeit begleiteten und mich nach Jahrzehnten wieder begleiten sollten. In jungen Jahren war es die Liebe, wie sie Paulus verstand, die mich begeisterte. Gern habe ich eine alte Ausgabe des Neuen Testaments in die Hände genommen, die ich einmal in den Schränken der Großmutter während eines Aufenthaltes unter den Dächern der Kalandgasse von Celle gefunden hatte. Ich las dann verdutzten Mitschülern vor, was Agape bei Paulus bedeutet, um diese auf den rechten Weg zu bringen. Ich erinnere noch heute für mich peinliche Spaziergänge an der Ems, die der ersten Freundin und einem ihrer zahlreichen Verehrer das wahre Wesen der Zuneigung erläutern helfen sollten. Damals meinte niemand zu mir, ich hätte Pastor werden sollen. Das kam erst sehr viel später und kommt heute noch, wenn ich eine engagierte Meinung vertrete.

Meine engagierten Meinungen haben oft etwas mit der Traurigkeit des Menschen zu tun. Es ist dies eine Traurigkeit, von der auch Paulus spricht. Er nennt sie die göttliche Traurigkeit (2. Kor 7.10). Was an dieser göttlich sei, habe ich zwar nie verstanden, jedoch hat mir dieser Gedanke immer gefallen, entband er mich doch von der Kritik, mit meiner Schwermut der Mönchskrankheit verfallen zu sein. Melancholie, aus unserer Gesellschaft so sehr verbannt, ist aber keine Krankheit, sondern, wie es das Mittelalter lehrt, die Erkenntnis, dass wir ein Mängelwesen sind, das heißt, im Akt der Traurigkeit merken wir, dass uns etwas fehlt. Was uns fehlt, ist der Anblick des Lichtes, von dem Paulus spricht. Deswegen heißt es auch nicht zufällig im Deutschen, dass ein Mensch düster dreinblickt, wenn er traurig ist.

Das Leben im Licht ist natürlich ein Leben in der Liebe, in der göttlichen Liebe, die uns alle Peinlichkeiten und Fehler nachsieht. Die Mitschüler von einst mögen nicht mehr leben. Sie haben mir vielleicht voraus, etwas Letztes geschaut zu haben und vielleicht haben sie dabei nur wieder gehört, wovon einmal an der Ems die Rede gewesen ist.

*Wolfgang Kubin*

Ich bemühte mich, die Weisheit kennen zu lernen und das Tun und Treiben auf dieser Welt zu verstehen. Doch ich musste einsehen: Was Gott tut und auf der Welt geschehen lässt, kann der Mensch nicht vollständig begreifen, selbst wenn er sich Tag und Nacht keinen Schlaf gönnt. So sehr er sich auch anstrengt, alles zu erforschen, er wird es nicht ergründen! Und wenn ein weiser Mensch behauptet, er könne das alles verstehen, dann irrt er sich!

*Buch Kohelet / der Prediger Salomonis, Kapitel 8, Vers 16*

## *Theater des Lebens*

Vor Jahren saß ich in Polen im Theater. Ich verstand kein einziges Wort, denn ich beherrsche leider die polnische Sprache nicht. Es wurde kein bekanntes Stück gegeben, bei dem ich der Handlung auch ohne Sprachkenntnisse hätte folgen können.

Dennoch war es ein beeindruckendes Erlebnis für mich. Ich beobachtete die Schauspielerinnen und Schauspieler genau, ihre Gestik, ihre Mimik, die Blicke, den Tonfall, die Lautstärke ihrer Stimme. Wen auch immer sie darstellen mochten, sie schienen ganz eins mit ihrer Rolle zu sein. Aus der großen Handlung wurde ich bis zuletzt nicht schlau. Aber kleine Situationen berührten mich umso mehr: wie die Frau ihren Tee trank oder aus dem Fenster schaute, wie sich das Paar einen Kuss gab und der Mann am Ende das Zimmer verließ.

Und als sich schließlich der Vorhang vor die Bühne schob, wurde mir klar, dass ich ein Sinnbild für meinen Glauben gesehen hatte: Ich verstehe nie das ganze Stück, nur Bruchstücke. Das muss genügen.

*Georg Schwikart*

**Im Staub der Strasse**

sah ich sie
die Feder
aus einem Flügelkleid.

Ich griff nach ihr
nahm sie an mich
und hauchte ihr einen Namen ein
besetzt
mit Pailletten aus Sternenstaub.

Da kam ein Vogel
pickte mir die Feder aus der Hand
und trug sie zu seinem Nest.

Leer
stand ich
im Staub der Straße
starr und stumm
Tag und Nacht
ohne Stern.

bis
in der Frühe
du herbeiflogst
federleicht
ein Lächeln
handscheu und namenlos
im Staub der Straße.

*Christel Kehl-Kochanek*

Liebe Barbara,

ich denke an deinen letzten Besuch. „Was kann mir im Leben Halt geben?", fragtest du. Jahrzehntelang hat mich diese Frage umgetrieben – und sie tut es zeitweise heute noch. Zuflucht habe ich bei den Dichtern gesucht. Die müssen es doch wissen, habe ich gedacht, damals. Weinheber hat ein Gedicht mit dem Satz beginnen lassen: „Frag nicht, du fragst dich taub und blind" und zwei Zeilen weiter: „Fühl', dass die Götter etwas sind, das nicht befragt werden darf." Taub und blind wollte ich nicht werden – aufhören zu fragen konnte ich dennoch nicht.

Wer oder was mich hält, weiß ich nicht genau. Es muss eine Kraft geben, die den Kosmos geschaffen hat. Von nichts kommt nichts. Das habe ich dir schon einmal gesagt und du hast mich sehr skeptisch angesehen, wahrscheinlich, weil die Antwort so simpel ist. Aber muss sie deshalb falsch sein?

Nachdem ich hinter dem Steuer eingeschlafen und gegen einen Baum gefahren war, habe ich gedacht: Warum hat Gott mich einschlafen lassen? Hätte er nicht einen Engel schicken können, der mir im rechten Augenblick auf die Finger tippt? Erinnerungen an kleine Katastrophen in meinem Leben, das Wissen um Naturkatastrophen und Tragödien in der Menschheitsgeschichte krochen aus allen Ecken, nahmen mir die Luft zum Atmen, erdrückten mich fast. Gott? Nein, es kann ihn nicht geben, sagte ich mir, es kann einfach nicht sein.

Aber diese Verneinung machte mich krank, nahm mir die Freude am Leben. Nenne es Schwäche, Barbara, nenne es Sehnsucht. Ich kann ohne den Glauben an Gott nicht leben.

In meinem Zimmer hängt die Fotografie eines Reliefs von Käthe Kollwitz: „Ruh'n im Frieden seiner Hände." Erinnerst du dich? Zwei riesige Hände pressen ein Menschlein an sich, das mit seiner rechten Hand unter dem Kinn die beiden Mantelhälften zusammenrafft, die ihm von oben über die Schultern fallen. Zu wem die schützende Hülle gehört, ist nicht zu erkennen. Ich sehe dieses vertrauensvolle Hineinschmiegen des Gesichts in den Mantel und mir fällt eine Zeile aus einem Gedicht von Else Lasker-Schüler ein: „Gott schließ um mich deinen Mantel fest." Aber reicht das? Müssen wir nicht auch etwas dazu tun?

Liebe Barbara, lass uns mit beiden Händen den Mantel zusammenhalten, damit er uns nicht von den Schultern gleitet – fest, ganz fest! Sei herzlich gegrüßt!
*Helga Wohlfromm*

## *Modernes Credo*

Ich glaube nur,
was ich sehe.

Wer's glaubt,
wird selig.

Jeder muss mal
dran glauben.
*Georg Schwikart*

## *Mehr als ein Symbol*

Ich bin mir ganz sicher. Oben auf unserem Dachboden, hinten in der Schräge, in einem der Kartons muss es sein. Also, worauf noch warten? Ich lauf die Treppe zur ersten Etage hinauf, lasse die Bodentreppe herunter, robbe über den vollgestellten, engen Kriechboden bis hinten in die rechte Schräge. Da stehen die drei Kartons, seit vielen Jahren unberührt. Kartons voller Erinnerungen.

„Seminarzeit" lese ich auf dem ersten Karton. „Sammelsurium" auf dem zweiten. Ha, der dritte: „Jugendschar, Konfirmation, Gemeinde". Diesen verhältnismäßig kleinen Karton trage ich vorsichtig nach unten. Die gröbste Staubschicht entfernt und vorsichtig den Deckel abgenommen.

Vor mir liegt es – mein Konfirmationskreuz aus Buchsbaum gebunden. Es liegt auf dem weißen Spitzentaschentuch, das ich über Eck um das neue Gesangbuch gelegt hatte, ein Geschenk meiner Oma. Das war so üblich am Palmsonntag 1953, meinem Konfirmationstag.

Bitterkalt war es uns Konfirmandinnen in den tiefschwarzen Taftkleidern. Der einzige Schmuck an diesem feierlichen Tag war mein kleines Buchsbaumkreuz an einer feinen Silberkette. Als ich es herausnehmen will, zerbröselt es. – Aber ich habe es gefunden, mein erstes Kreuz. Es hat mir viel bedeutet, deshalb habe ich es auch so lange verwahrt.

Meine Erinnerung an dieses Kreuz ist durch die Einladung zu meiner goldenen Konfirmation ausgelöst worden. Himmel, fünfzig Jahre sind seit diesem Konfirmationstag vergangen, ein halbes Jahrhundert.

Am Konfirmationstag haben wir 54 Konfirmandinnen und 52 Konfirmanden das erste Mal unseren Glauben vor der Gemeinde öffentlich bekannt. Die Ergriffenheit, die innere Freude kann ich heute noch beschreiben.

Der Beichtgottesdienst am Tag zuvor, die lang ersehnte Teilnahme am Abendmahl, das alles hat mich sehr bewegt. Nach der Konfirmation schlossen sich etliche von uns zu einer Gemeindejugendgruppe zusammen. Dadurch nahm ich rege am Gemeindeleben teil. Nach drei Jahren standen wir wieder vor dem Altar und bekamen in einem feierlichen Gottesdienst das Kreuz auf der Weltkugel überreicht: das Zeichen der evangelischen Jugend in Deutschland. Es war eine kleine Anstecknadel aus Metall. Wir freuten uns, dass wir ab jetzt dazugehörten und trugen die Anstecknadel mit einem gewissen Stolz. Dieses kleine Kreuz auf der Weltkugel hatte etwas Verbindendes in unserem Alltag.

Damals fand jeden Sonnabend um 18 Uhr in der Aegidienkirche im Stadtzentrum für alle Jugendlichen Hannovers eine Wochenschlussandacht statt. Diese Andachten hatten über viele Jahre ihren festen Platz in meinem Leben. Mit dem Fahrrad fuhr ich bei Wind und Wetter zu diesem Jugendtreffen. Es war ein gutes Gefühl dazuzugehören, mittendrin zu sein. Die Aegidienkirche war eine große Ruine, die Kirche als solche – zerbombt. Der Schutt wurde nach Kriegsende weggebracht, der Altar und ein großes Holzkreuz aufgestellt. Wir standen unter freiem Himmel. Die hohen Mauerreste ragten aufwärts gen Himmel. Genau dort haben wir regelmäßig gesungen und gebetet. Das Leben ging weiter mit Gottes Hilfe!

Auf einer unserer Fahrradtouren in die Lüneburger Heide haben wir

Jugendlichen uns aus Heidekraut ein Kreuz auf der Weltkugel gebunden. Das war nicht einfach, aber es sah sehr hübsch aus. Viele Jahre hing es in meinem Zimmer über dem Schreibtisch.

Es war kein Zufall, dass ich nach meiner sozialpädagogischen Ausbildung kirchliche Mitarbeiterin wurde in den verschiedensten Aufgabenfeldern. Nach über 29 Jahren diakonischer Arbeit erhielt ich das Kronenkreuz. Ein kleines goldenes Kreuz der Diakonie, zum Anstecken gedacht. Es ist sehr zart und zerbrechlich, eher für ein Schächtelchen geeignet, als für den Alltag. Natürlich bewahre ich es gut auf.

Ein kleines Kreuz aus Ton hingegen hat seinen festen Platz in unserem Haus. Mit viel Mühe und Sorgfalt hat es eine schwerbehinderte Frau gestaltet und mir dann geschenkt. Olga ist vor vielen Jahren gestorben, aber das kleine Kreuz erinnert mich an sie und an das, was wir Christen zu erfüllen haben.

So gesehen war ich immer in der Nähe und im Schutz eines Kreuzes. Es ist für mich ein Wegbegleiter und viel mehr als nur ein Symbol.

*Almut Fricke*

## *Der einzige Gerechte*

Es waren einmal zehn Bauern, die gingen miteinander über das Feld. Sie wurden von einem schweren Gewitter überrascht und flüchteten sich in einen halb zerfallenen Tempel. Der Donner aber kam immer näher, und es war ein Getöse, dass die Luft ringsum erzitterte. Kreisend fuhr ein Blitz fortwährend um den Tempel herum.

Die Bauern fürchteten sich sehr und dachten, es müsse wohl ein Sünder unter ihnen sein, den der Donner schlagen wolle. Um herauszubringen, wer es sei, machten sie aus, ihre Strohhüte vor die Tür zu hängen; wessen Hut weggeweht werde, der solle sich dem Schicksal stellen. Kaum waren die Hüte draußen, so ward auch einer weggeweht, und mitleidslos stießen die anderen den Unglücklichen vor die Tür. Als er aber den Tempel verlassen hatte, da hörte der Blitz zu kreisen auf und schlug krachend ein. Der eine, den sie verstoßen hatten, war der einzige

Gerechte gewesen, um dessentwillen der Blitz das Haus verschonte. So mussten die neun ihre Hartherzigkeit mit dem Leben bezahlen.

*Aus China*

**I**CH hatte mich etwas vor meiner Konfirmation gefürchtet, eben weil Diljá zur gleichen Zeit konfirmiert werden sollte, und wenn die Pracht bei ihrer Feier nur entfernt vergleichbar sein würde mit der, die im Frühjahr zuvor bei der Konfirmation ihrer Schwester Elsa entfaltet worden war, dann würde meine Feier aussehen wie ein Armenbegräbnis im Vergleich zu der königlichen Hochzeit im Palast des Bankdirektors, ich würde irgendwo vor der Stadtmauer in aller Stille verscharrt werden, Regen und ein paar alte Weiber mit Kopftüchern, vielleicht ein Massengrab. Allerdings würde ich nicht zusammen mit Cousin Láki eingebuddelt werden, denn er würde dem königlichen Gefolge angehören. Lára, seine Mama, und Friða, die Frau Bankdirektor, hatten von Anfang an gemeinsame Pläne. Es wäre so naheliegend, die beiden Feiern zusammenzufassen, da sie in der gleichen Familie und in der gleichen Kirche stattfänden. Láki und Diljá sollten beide in der Domkirche konfirmiert werden, alles andere wäre unangemessen gewesen, bei einem alten Pfarrer, der sowohl ein Freund Pfarrer Sigvaldis als auch Vilhjálmur, des Bankdirektors, war. Sie waren der Schlag Leute, die mindestens einen Domkirchenpfarrer kennen. Aber wir waren das nicht. Ich ging nur mit meinen Klassenkameraden in die zementgraue Kirche unseres Stadtteils, wir liefen in unseren Galoschen zum Konfirmandenunterricht. Die meisten von uns hatten ein klein wenig Gewissensbisse, solche großartigen Gotteskinder zu sein, ruhig und brav zusammenzusitzen und eine Stunde in der Woche mit unschuldigen Lämmerblicken über unseren Erlöser zu sprechen, sodass wir meistens auf dem Weg nach Hause bei einem Supermarkt vorbeigingen und jeder eine Apfelsine stahlen, um unsere Weltsicht so wieder in Ordnung zu bringen und uns auf beiden Seiten der Schlachtlinie zwischen Gut und Böse unser Anrecht zu sichern.

*Einar Kárason*

## *Der Mensch*

Ein nie Findender, ein ewig Suchender
Ein Sehender und manchmal Blinder
Ein Grenzgänger, der wenig hört und oft verstummt
gelähmt und dennoch Kämpfer im Versagen
Ein Hoffender, ob Hassender, ob Liebender
Ein Göttlicher der Schöpfung
*Ute Beyer*


## *Verrückte Welt*

Es fiele mir manchmal leichter diese Welt zu beurteilen, gäbe es nur Leiden, nur Schrecken und Untergang. Städtenamen stehen stellvertretend für menschliche Katastrophen: Auschwitz und Stalingrad, Hiroshima und Tschernobyl ... Vorboten der Apokalypse, verursacht von der Krone der Schöpfung. Dazu kommt auch noch enttäuschtes Vertrauen, betrogene Liebe, Herzenshärte von mir nahestehenden Menschen.
Aber da ist ebenso das Lächeln meiner Tochter, der Fall der Berliner Mauer, eine Tafel Marzipanschokolade, Nelson Mandela als Präsident, da gibt es einen zärtlichen Kuss und Musik von Johann Sebastian Bach.
Das verunsichert mich. Es gibt nicht nur den Tod, das dunkle Ungewisse. Wäre es so, mir fiele es leicht, die Welt zu verachten, meine Existenz gering zu schätzen und mich von der trüben Hoffnungslosigkeit treiben zu lassen. Ich könnte ohne Glauben leben, mich in der Heimatlosigkeit einrichten und in der Fremde dieser Welt zu Hause sein.
Aber ich könnte auch dieses fast irrsinnige Abenteuer wagen, dem Einen Vertrauen zu schenken, der mir verspricht: Ich bin für dich da.
*Georg Schwikart*

## *Schweigt er?*

**Warum?**

Kein anderes Wort
deiner Schrift
das ich weniger begreife
und doch besser verstehe:

mein Gott, mein Gott
warum, warum
hast du mich verlassen?

eine Antwort
steht noch aus

## *Schweigt Er?*

Nur aus der Stille können wir Klänge wahrnehmen. Es gilt also, die Stille zu erleben als den Geburtsraum all dessen, was unser Ohr erreicht. Oft füllen wir diese Stille mit unseren Erwartungen – unserem Warten. Dieses Warten aber, das ist es, was wir immer wieder neu lernen müssen. Man stelle sich ein Orchester vor, in dem die Pauke ihre oft so langen inaktiven Zeiten abkürzt und in ihrer Ungeduld zu früh einsetzt! Die Harmonie ist gestört – kein Wohlklang, kein Genuss, keine Begeisterung!

Wenn wir Gott schweigend erleben, deuten wir das oft als Zeichen seiner Abwesenheit oder seines Desinteresses. Könnte es aber nicht sein, dass er seine Partitur mit Pausen schreibt, die wir aushalten müssen, um aus diesem Raum der Stille seine Stimme überhaupt wahrnehmen zu können? Gottes Pausen – die Stille, der Raum, aus dem allein seine Stimme uns erreichen kann?

*Gudrun Voisin*

## *Vergib mir Herr!*

Die Stunden ohne Muße –
Vergib mir, Herr!
Die Sünden ohne Buße –
Vergib mir, Herr!

Die Taten eines Toren –
Vergib mir, Herr!
Gedanken – ungegoren –
Vergib mir, Herr!

Dein Haupt – von Pein so schwer –
Vergibt mir, Herr!
Den Schrein – so kalt und leer –
Vergeb' ich Dir, mein Herr.

*Halina Nitropisch*

## *Braucht Gott Menschen?*

Er sprach „Es werde Licht" und es ward Licht.
Er schuf das Weltall und die Erde nach Seinen Naturgesetzen.
Ob Er die Menschen erschuf am sechsten Tag
mit Seinen eigenen Händen – als hätte Er Hände –
ihnen die Geisteskraft mitgab, die sie bis heute missbrauchen?
Oder ob Er die Evolution in Gang setzte über unzählbare Jahre
und die Menschenwürde mit der ersten Erlösung verband:
Lösung aus den Instinkten zur Freiheit des Willens?
Sein Gegenüber sollte Ihm gleich sein an Macht und Erbarmen
und Seine Schöpfung in Seinem Sinne verwalten. Was ging da fehl?
Er kam zur Welt, um sie erneut zu befreien
von der misslungenen Gott-Ebenbildlichkeit.
Er wurde Mensch.
Doch nicht wie Zeus, der Grieche, als Teil einer Naturgewalt,
auch nicht wie Mahadö, der Inder, gleich in Mannsgestalt,
Gott brauchte eine Frau, um geboren zu werden als wirklicher Mensch!
Er warb um die Frau, und Er warb um Sein Volk. Denn Zwang will Gott nicht.
Hat sich der Schöpfer der Welt mit der Freiheit des Willens so furchtbar geirrt?
*Alheide Sieß*


Gott, sind wir Menschen tiefer in den Urgrund deiner Schöpfung eingedrungen, als du es erwartet hast? Wir experimentieren mit den Bausteinen der Materie und des Lebens, damit sind wir zu schrecklichen Zerstörungen und Verbrechen fähig. Aber du hast uns doch geschaffen, du wusstest, was aus allem wird, wenn wir unserer Natur folgen. Du hast die ersten Menschen aus dem Paradies auf die Erde entlassen, nachdem sie von dem Baum der Erkenntnis gegessen hatten. Von diesem Augenblick an gebrauchten sie ihren Verstand und mussten ihrem Forscherdrang folgen. Erbarme dich, Herr.
*Karola Schulz*

SCHULD SCHULDIG
SCHULDEN SCHUL
DIG SEIN SCHULDIG
WERDEN SCHULDN
ER SCHULD HABEN
IMMER SCHULDIG

EIN kleiner Mann mit Hut Mitte 60 pinkelte sorglos
auf dem Kaiser-Wilhelm Ring
zu Köln mit sichtlichem Vergnügen und
bewundernswerter Ausdauer mitten auf
das Trottoir wobei reichlich vorhandenes Publikum
ihm artigen Applaus zollte.
Darauf verstand ich gar nichts mehr. Nie mehr
werde ich etwas verstehen wollen.
*RO Willaschek*

## *Zelebrierter Kummer*

„Ich befinde mich in einem Stillleben", dachte er sich bitter schmunzelnd. Und in der Tat: Der Raum war in warmes Kerzenlicht getaucht, Bachs Kunst der Fuge mühte sich aus den Lautsprechern, der Cognac im Glas verbreitete seinen Duft. Ein offener Lyrikband von Anna Achmatova lag auf dem Kanapee und zu allem Überfluss konnte man durchs Fenster am nächtlichen Himmel die Mondsichel sehen.
„Zu schön, um wahr zu sein", seufzte er. Dabei war das alles real, ebenso wirklich wie die schlechte Luft im Zimmer (da die Kerzen den ganzen Sauerstoff aufsaugten). Real war auch der brennende Durst nach dem vielen Alkohol, war schließlich die Tatsache, dass seine Frau fremdging. Mit einer Frau übrigens. Doch in einer modernen Ehe war ja Freiheit Trumpf.
„Gott!", schrie er lautlos. Aber wenn Gott schon in Auschwitz auf Besetztzeichen geschaltet hatte, warum sollte er sich ausgerechnet jetzt zu

Wort melden? Und wenn er es tatsächlich getan hätte, was wäre ihm zu sagen übrig geblieben? Vielleicht: „Kopf hoch, Junge, wird schon wieder?" Bestimmt hätte Gott ihn noch seiner ewigen Liebe versichert. „Erbarme dich", raffte er sich auf, während er zum Glas griff. Die erste Kerze erlosch, der Mond war plötzlich hinter Wolken verschwunden, die Fugen schleppten sich dahin und er sich nach einem letzten Schluck ins Bett. Wirre Träume würden ihn erwarten, das wusste er. Aber er wollte doch schlafen, bevor seine Frau nach Hause kommen und ihm einen Kuss geben würde, gerade so, als sei es das Normalste auf der Welt.  *Georg Schwikart*

## *Nie*

Nie
werden meine Schuhe über die chinesische Mauer laufen,
nie
wird mein Gesicht die Gischt des Niagara spüren,
nie
wird mein Auge die Dschungel von Madagaskar schauen,
nie
werde ich ein Kanu durch die Sümpfe des Amazonas führen.

Gefangen hält mein kranker Körper
den unruhigen Geist.

Doch die Schwingen der Fantasie,
die du, Herr, mir gabst,
tragen mich an Orte,

die kein Mensch je vor mir sah.
*Frauke Schuster*

## *Ehrfurcht und Abscheu vor Gottes Wort*

Ich möchte nicht in einer Welt ohne Kathedralen leben. Ich brauche ihre Schönheit und Erhabenheit. Ich brauche sie gegen die Gewöhnlichkeit der Welt. Ich will zu leuchtenden Kirchenfernstern hinaufsehen und mich blenden lassen von den unirdischen Farben. Ich brauche ihren Glanz. Ich brauche ihn gegen die schmutzige Einheitsfarbe der Uniformen. Ich will mich einhüllen lassen von der herben Kühle der Kirchen. Ich brauche ihr gebieterisches Schweigen. Ich brauche es gegen das geistlose Gebrüll des Kasernenhofs und das geistreiche Geschwätz der Mitläufer. Ich will den rauschenden Klang der Orgel hören, diese Überschwemmung von überirdischen Tönen. Ich brauche ihn gegen die schrille Lächerlichkeit der Marschmusik. Ich liebe betende Menschen. Ich brauche ihren Anblick. Ich brauche ihn gegen das tückische Gift des Oberflächlichen und Gedankenlosen. Ich will die mächtigen Worte der Bibel lesen. Ich brauche die unwirkliche Kraft ihrer Poesie. Ich brauche sie gegen die Verwahrlosung der Sprache und die Diktatur der Parolen. Eine Welt ohne diese Dinge wäre eine Welt, in der ich nicht leben möchte.

Doch es gibt auch eine andere Welt, in der ich nicht leben will: die Welt, in der man den Körper und das selbständige Denken verteufelt und Dinge als Sünde brandmarkt, die zum Besten gehören, was wir erleben können. Die Welt, in der uns Liebe abverlangt wird gegenüber Tyrannen, Menschenschindern und Meuchelmördern, ob ihre brutalen Stiefelschritte mit betäubendem Echo durch die Gassen hallen oder ob sie mit katzenhafter Lautlosigkeit, als feige Schatten, durch die Straßen schleichen und ihren Opfern den blitzenden Stahl von hinten ins Herz bohren.

Es gehört zum Absurdesten, was den Menschen von der Kanzel herab zugemutet worden ist, solchen Kreaturen zu verzeihen und sie sogar zu lieben. Selbst wenn jemand es wirklich vermöchte: Es bedeutete eine beispiellose Unwahrhaftigkeit und gnadenlose Selbstverleugnung, die mit vollständiger Verkrüppelung bezahlt würde. Dieses Gebot, dieses wahnwitzige, abartige Gebot der Liebe zu den Feinden, es ist dazu angetan, die Menschen zu brechen, ihnen allen Mut und alles Selbstvertrauen zu rauben und sie geschmeidig zu machen in den Händen der Tyrannen, damit sie nicht die Kraft finden mögen, gegen sie aufzustehen, wenn nötig mit Waffen.

Ich verehre Gottes Wort, denn ich liebe seine poetische Kraft. Ich verabscheue Gottes Wort, denn ich hasse seine Grausamkeit. Die Liebe, sie ist eine schwierige Liebe, denn sie muss unablässig trennen zwischen der Leuchtkraft der Worte und der wortgewaltigen Unterjochung durch einen selbstgefälligen Gott. Der Hass, er ist ein schwieriger Hass, denn wie kann man sich erlauben, Worte zu hassen, die zur Melodie des Lebens in diesem Teil der Erde gehören? Worte, an denen wir von früh auf gelernt haben, was Ehrfurcht ist? Worte, die uns wie Leuchtfeuer waren, als wir zu spüren begannen, dass das sichtbare Leben nicht das ganze Leben sein kann? Worte, ohne die wir nicht wären, was wir sind?

Aber vergessen wir nicht: Es sind Worte, die von Abraham verlangen, den eigenen Sohn zu schlachten wie ein Tier. Was machen wir mit unserer Wut, wenn wir das lesen? Was ist von einem solchen Gott zu halten? Einem Gott, der Hiob vorwirft, dass er mit ihm rechte, wo er doch nichts könne und nichts verstehe? Wer war es denn, der ihn so geschaffen hat? Und warum ist es weniger ungerecht, wenn Gott jemanden ohne Grund ins Unglück stürzt, als wenn ein gewöhnlich Sterblicher es tut? Hat Hiob nicht jeden Grund zu seiner Klage?

Die Poesie des göttlichen Worts, sie ist so überwältigend, dass sie alles zum Verstummen bringt und jeder Widerspruch zum jämmerlichen Kläffen wird. Deshalb kann man die Bibel nicht einfach weglegen, sondern muss sie wegwerfen, wenn man genug hat von ihren Zumutungen und der Knechtschaft, die sie über uns verhängt. Es spricht aus ihr ein lebensferner, freudloser Gott, der den gewaltigen Umfang eines menschlichen Lebens – den großen Kreis, den es zu beschreiben vermag, wenn man ihm die Freiheit lässt – einengen will auf den einzigen, ausdehnungslosen Punkt des Gehorsams. Gramgebeugt und sündenbeladen, ausgedörrt von Unterwerfung und der Würdelosigkeit der Beichte, mit dem Aschenkreuz auf der Stirn sollen wir dem Grab entgegengehen, in der tausendfach widerlegten Hoffnung auf ein besseres Leben an seiner

Seite. Doch wie könnte es Bessersein an der Seite von Einem, der uns vorher aller Freuden und Freiheiten beraubt hatte?

Und doch sind sie von betörender Schönheit, die Worte, die von Ihm kommen und zu Ihm gehen. Wie habe ich sie als Messdiener geliebt! Wie haben sie mich trunken gemacht im Schein der Altarkerzen! Wie klar, wie sonnenklar schien es, dass diese Worte das Maß aller Dinge waren! Wie unverständlich kam es mir vor, dass den Leuten auch andere Worte wichtig waren, wo doch ein jedes von ihnen nur verwerfliche Zerstreuung und Verlust des Wesentlichen bedeuten konnte! Noch heute bleibe ich stehen, wenn ich einen gregorianischen Gesang höre, und einen unachtsamen Moment lang bin ich traurig, dass die frühere Trunkenheit unwiderruflich der Rebellion gewichen ist. Einer Rebellion, die wie eine Stichflamme in mir hochschoss, als ich das erste Mal diese beiden Worte hörte: sacrificium intellectus.

Wie sollen wir glücklich sein ohne Neugierde, ohne Fragen, Zweifel und Argumente? Ohne Freude am Denken? Die beiden Worte, die wie ein Hieb mit dem Schwert sind, das uns enthauptet, sie bedeuten nichts weniger als die Forderung, unser Fühlen und Tun gegen unser Denken zu leben, sie sind die Aufforderung zu einer umfassenden Gespaltenheit, der Befehl, gerade das zu opfern, was der Kern eines jeden Glücks ist: die innere Einheit und Stimmigkeit unseres Lebens. Der Sklave auf der Galeere ist gekettet, aber er kann denken, was er will. Doch was Er, unser Gott, von uns verlangt, ist, dass wir unsere Versklavung eigenhändig in unsere tiefsten Tiefen hineintreiben und es auch noch freiwillig und mit Freuden tun. Kann es eine größere Verhöhnung geben?

Der Herr, er ist in seiner Allgegenwart einer, der uns Tag und Nacht beobachtet, er führt in jeder Stunde, jeder Minute, jeder Sekunde Buch über unser Tun und Denken, nie lässt er uns in Ruhe, nie gönnt er uns einen Moment, in dem wir ganz für uns sein könnten. Was ist ein Mensch ohne Geheimnisse? Ohne Gedanken und Wünsche, die nur er, er ganz allein, kennt? Die Folterknechte, diejenigen der Inquisition und die heutigen, sie wissen: Schneide ihm den Rückzug nach innen ab, lösche nie das Licht, lasse ihn nie allein, verwehre ihm Schlaf und

Stille: Er wird reden. Dass die Folter uns die Seele stiehlt, das bedeutet: Sie zerstört die Einsamkeit mit uns selbst, die wir brauchen wie die Luft zum Atmen. Hat der Herr, unser Gott, nicht bedacht, dass er uns mit seiner ungezügelten Neugierde und abstoßenden Schaulust die Seele stiehlt, eine Seele zudem, die unsterblich sein soll?

Wer möchte im Ernst unsterblich sein? Wer möchte bis in alle Ewigkeit leben? Wie langweilig und schal es sein müsste, zu wissen: Es spielt keine Rolle, was heute passiert, in diesem Monat, diesem Jahr: Es kommen noch unendlich viele Tage, Monate, Jahre. Unendlich viele, buchstäblich. Würde, wenn es so wäre, noch irgendetwas zählen? Wir bräuchten nicht mehr mit der Zeit zu rechnen, könnten nichts verpassen, müssten uns nicht beeilen. Es wäre gleichgültig, ob wir etwas heute tun oder morgen, vollkommen gleichgültig. Millionenfache Versäumnisse würden vor der Ewigkeit zu einem Nichts und es hätte keinen Sinn, etwas zu bedauern, denn es bliebe immer Zeit, es nachzuholen.

Nicht einmal in den Tag hinein leben könnten wir, denn dieses Glück zehrt vom Bewusstsein der verrinnenden Zeit, der Müßiggänger ist ein Abenteurer im Angesicht des Todes, ein Kreuzritter wider das Diktat der Eile. Wenn immer und überall Zeit für alles und jedes ist: Wo sollte da noch Raum sein für die Freude an Zeitverschwendung?

Ein Gefühl ist nicht mehr dasselbe, wenn es zum zweiten Mal kommt. Es verfärbt sich durch das Gewahren seiner Wiederkehr. Wir werden unserer Gefühle müde und überdrüssig, wenn sie zu oft kommen und zu lange dauern. In der unsterblichen Seele müsste ein gigantischer Überdruss anwachsen und eine schreiende Verzweiflung angesichts der Gewissheit, dass es nie enden wird, niemals. Gefühle wollen sich entwickeln und wir mit ihnen. Sie sind, was sie sind, weil sie abstoßen, was sie einst waren, und weil sie einer Zukunft entgegenströmen, wo sie sich von Neuem von sich selbst entfernen werden. Wenn dieser Strom ins Unendliche flösse: Es müssten in uns tausendfach Empfindungen entstehen, die wir uns, gewohnt an eine überschaubare Zeit, überhaupt nicht vorstellen können. Sodass wir gar nicht wissen, was uns versprochen wird, wenn wir vom ewigen Leben hören. Wie wäre es, in Ewigkeit wir zu sein, bar des Trostes, dereinst erlöst zu werden von der Nötigung, wir zu sein? Wir wissen es nicht und es ist ein Segen, dass wir es nie wissen werden. Denn das eine wissen wir doch: Es wäre die Hölle, dieses Paradies der Unsterblichkeit.

Es ist der Tod, der dem Augenblick seine Schönheit gibt und seinen Schrecken. Nur durch den Tod ist die Zeit eine lebendige Zeit. Warum weiß das der HERR nicht, der allwissende Gott? Warum droht er uns mit einer Endlosigkeit, die unerträgliche Ödnis bedeuten müsste?

Ich möchte nicht in einer Welt ohne Kathedralen leben. Ich brauche den Glanz ihrer Fenster, ihre kühle Stille, ihr gebieterisches Schweigen. Ich brauche die Fluten der Orgel und die heilige Andacht betender Menschen. Ich brauche die Heiligkeit von Worten, die Erhabenheit großer Poesie. All das brauche ich. Doch nicht weniger brauche ich die Freiheit und die Feindschaft gegen alles Grausame. Denn das eine ist nichts ohne das andere. Und niemand möge mich zwingen zu wählen.

*Pascal Mercier*

## *Dresdner Bahnhof*

GEPLAGT von trügerischer Angst
Erwache ich zu grauen Welten
Vor denen Gott geflüchtet ist

Sechzig Jahre abwärts
Ist der Schrei, der nicht meiner war
Noch nicht verstummt

Ein kleines Mädchen am Bahnhof
In der Kälte
Meine älter werdende Tante
Schweigt

Die Himmelswunde klafft

*Ghalia El Boustami*

**W**elch seltsamer Handel mit dem lieben Gott …

Herr, gewähre mir dies!
Herr, gib, dass mir jenes widerfährt!
Herr, heile mich …

Als ob Gott nicht auf seine Weise wüsste,
was uns nötig ist?

Sagt denn ein Knirps zu seiner Mutter:
„Koch mir so ein Mus"?
Ein Kranker zu seinem Arzt:
„Verschreiben Sie mir jene Arznei"?

Wer kann sagen, ob das, was uns fehlt,
nicht schlimmer ist als das,
was wir haben?

So lasst uns beten:
„O Herr, höre nicht auf, uns zu lieben …"
*Raoul Follereau*

## *Wann bist du eigentlich lieb, lieber Gott?*

**O**H, wir haben dich gesucht, Gott, in jeder Ruine, in jedem Granattrichter, in jeder Nacht. Wir haben dich gerufen. Gott! Wir haben nach dir gebrüllt, geweint, geflucht! Wo warst du da, lieber Gott?
*Wolfgang Borchert*

## *Kraft des Glaubens*

Eine bayerische Benediktinerin, die lange Jahre in Brasilien gelebt und gewirkt hatte, erzählte mir eine Begebenheit über Dom Hélder Câmara (1909–1999). Sie hatte den Erzbischof von Olinda und Recife persönlich kennengelernt. Der Gründer der Lateinamerikanischen Bischofskonferenz galt als einer der bedeutendsten Kämpfer für die Menschenrechte in Brasilien. Er förderte die ersten kirchlichen Basisgemeinden und gehörte zu den profilierten Vertretern der Befreiungstheologie. Mächtige hielten ihn für einen Kommunisten, einfache Leute nannten ihn den „Bruder der Armen". Von der Kraft seines Vertrauens auf Gott zeugt eine wunderbare Anekdote.

Der Bischof lebte nicht in einem Palast, sondern in einem bescheidenen Haus in Recife. Dort klopfte während der Zeit der Militärdiktatur, die immer wieder Menschen „verschwinden" ließ, des Nachts eine Frau an. Sie hatte ihre Kinder dabei.

„Man hat meinen Mann weggeholt", klagte sie Dom Hélder Câmara. „Ohne Grund."

Der Bischof machte sich sofort mit der Frau und ihren Kindern auf den Weg zur Polizei. Dort grüßte man den kirchlichen Würdenträger zunächst ehrfürchtig und überrascht.

„Ihr habt meinen Bruder eingesperrt!", sagte Câmara.

„Aber nein", wies man ihn zurück, „der Mann heißt doch ganz anders."

„Ihr habt meinen Bruder eingesperrt!", wiederholte Câmara.

„Aber nein", wiederholten auch die Polizisten, „der Mann sieht ganz anders aus als Sie."

Daraufhin antwortete der Bischof: „Und es ist mein Bruder: die Mütter sind zwar verschieden, aber der Vater ist der gleiche."

Der Mann wurde freigelassen.

*Georg Schwikart*

## *Wachstation*

**M**ENSCHEN zwischen Tag und Traum, zwischen Leben und Tod. Ernste Gesichter, sorgenvoll, die Schritte leise. Blaue Kittel für alle. Über allem ein Hauch von Desinfektion und Hilflosigkeit.

Die Patientin im Tiefschlaf, künstlich versorgt, das Koma als letzte Möglichkeit zur Rettung. Ich versuche, Kräfte hinüberzuschicken, denn sie muss mitkämpfen, auf ihren Willen kommt es an.

Ich bin überzeugt, sie versteht mich, kann nur nicht antworten. Deutlich kann ich ihre Angst spüren, versuche behutsam über ihr Haar zu streichen, um sie zu beruhigen – durch ein Gewirr von Schnüren und Kabeln gelingt es endlich. Verblüfft stelle ich fest, wie ähnlich sie unserer Mutter sieht.

Nach vierzehn Tagen die Wende. Der erste Versuch, wieder aus eigener Kraft zu atmen – er gelingt. Unendliche Dankbarkeit! Später wird sie mich fragen: „Sag mal, hast du damals im Krankenhaus gesagt, ich hätte Ähnlichkeit mit Mutter?"

Ein neues Leben beginnt. Ein ganz neues Leben!

*Maria Emma Gebhardt*

**M**ANCHMAL drohe ich
an meinen nicht gebeteten Gebeten
zu ersticken.
*Georg Schwikart*

## *Von guten Mächten wunderbar geborgen*

„**W**ie freue ich mich, dass du gekommen bist", sagt er und reicht mir die linke Hand. Ein massiger Körper, halbseitig gelähmt, eingezwängt in den Rollstuhl, ein aufgedunsener Kopf, trübe Augen, die nur verschwommen wahrnehmen. Wie hat der Kampf gegen den Feind in seinem Kopf mit den scharfen Waffen von Medikamenten und Chemotherapien das Leben unseres Freundes verändert. Was soll ich ihm sagen? Mir fehlen die richtigen Worte. Daher bin ich erleichtert, als er mir die Peinlichkeit der ersten Sätze abnimmt. „Die Krankheit hat zwar die Kraft meines Körpers zerstört, aber nicht die meiner Gedanken, die mich auf den richtigen Weg geführt haben. In der Auseinandersetzung mit meinem Schicksal und bei der Suche nach dem wahren Sinn des Lebens habe ich Gott wiedergefunden, von dem ich viele Jahre behauptet habe, es gäbe ihn nicht, weil man seine Existenz nicht wissenschaftlich beweisen kann. Jetzt weiß ich, dass man Gott nicht mit dem Verstand begreift, sondern nur mit dem Herzen fühlt."

*Rosemarie Pfirschke*

## *Gebet nach dem Schlachten*

**K**opf ab zum Gebet!
Herrgott! Wir alten vermoderten Knochen
sind aus den Kalkgräbern noch einmal hervorgekrochen.
Wir treten zum Beten vor dich und bleiben nicht stumm.
Und fragen dich, Gott:
Warum –?
Warum haben wir unser rotes Herzblut dahingegeben?
Bei unserm Kaiser blieben alle sechs am Leben.
Wir haben einmal geglaubt ... Wir waren schön dumm ... !
Uns haben sie besoffen gemacht ...
Warum –?

Einer hat noch sechs Monate im Lazarett geschrien.
Erst das Dörrgemüse und zwei Stabsärzte erledigten ihn.
Einer wurde blind und nahm heimlich Opium.
Drei von uns haben zusammen nur einen Arm ...
Warum –?
Wir haben Glauben, Krieg, Leben und alles verloren.
Uns trieben sie hinein wie im Kino die Gladiatoren.
Wir hatten das allerbeste Publikum.
Das starb aber nicht mit ...
Warum –? Warum –?
Herrgott!
Wenn du wirklich der bist, als den wir dich lernten:
Steig herunter von deinem Himmel, dem besternten!
Fahr hernieder oder schick deinen Sohn!
Reiß ab die Fahnen, die Helme, die
Ordensdekoration!
Verkünde den Staaten der Erde, wie wir gelitten,
wie uns Hunger, Läuse, Schrapnells und Lügen den Leib zerschnitten!
Feldprediger haben uns in deinem Namen zu Grabe getragen.
Erkläre, dass sie gelogen haben! Läßt du dir das sagen?
Jag uns zurück in unsre Gräber, aber antworte zuvor!
Soweit wir das noch können, knien wir vor dir – aber leih uns dein Ohr!
Wenn unser Sterben nicht völlig sinnlos war,
verhüte wie 1914 ein Jahr!
Sag es den Menschen! Treib sie zur Desertion!
Wir stehen vor dir: ein Totenbataillon.
Dies blieb uns: zu dir kommen und beten!
Weggetreten!
*Kurt Tucholsky*

## *Allerseelen*

SCHEINWERFER schneiden
die Zeit
im Herz-Schlag-Takt
fahre ich noch
auf der Nachtseite
Grabkerzenlichterzug
vor mir
auf dem Mittelstreifen
liegt eine kleine Katze
den Kopf schon
auf der Tagseite
fließt der Morgen
flussabwärts
treiben rote Bremslichter
und Katzenaugen.
*Helene Schäfer*

## *Glaubens-Nächte*

DIE Nacht, als der dunkle und oft unheimliche, weil nicht sichtbare und nicht leicht greifbare Teil unseres Lebens, gibt uns oft Rätsel auf. In nächtlichen Träumen leben Bereiche unseres Ichs auf, die uns fremd sind.

Auch im übertragenen Sinne gibt es solche dunklen Lebensbereiche, die wir gerne verdrängen und die uns doch immer wieder einholen. Schwächen und Fehler, Versagen, Zweifel und innere Not offenbaren eine Seite von uns, die wir häufig nicht wahrhaben und schon gar nicht anderen zeigen wollen. Aber erst wenn wir uns diesen dunklen Seiten stellen und auch diesen Teil unseres Lebens akzeptieren, so sagen die Psychologen, können wir in Einheit mit uns selbst leben.

Solche Erfahrungen lassen sich auch auf den Glauben übertragen. Auch „Glaubens-Nächte" haben mit diesen dunklen und für uns beängstigenden Lebenssituationen zu tun.

In der Bibel wird immer wieder von den unterschiedlichsten Erfahrungen der Glaubenden mit ihrem Gott berichtet. Denn der Gott Abrahams, Isaaks und Jakobs war nicht nur der „Ich-bin-für-euch-da", der sein Volk in das verheißene Land führte, er war auch ein Gott, der sich immer wieder den Menschen entzog und bis heute entzieht.

Besonders im Buch der Psalmen finden wir neben dem tröstenden und helfenden Gott auch den Gott, der sich vor dem Betenden verbirgt: „Warum, Herr, stehst du ferne, verbirgst dich zu den Zeiten der Not?" (Psalm 10,1), fragt der Psalmist. Auch im 22. Psalm, dessen Verse gleichzeitig als letzte Worte Jesu gelten, erfährt der Bittende tiefe Gottesferne: „Mein Gott, mein Gott, warum hast du mich verlassen, bleibst ferne meiner Rettung und den Worten meiner Klage? Mein Gott, ich rufe bei Tage, und du antwortest nicht – des Nachts, und finde keine Ruhe" (22,2f).

Viele Heilige, wie zum Beispiel Johannes vom Kreuz oder Teresa von Avila, berichten von solchen Momenten, die sie als tiefste Gottferne erfahren haben. Auch sie mussten flehen: „Verbirg dein Antlitz nicht vor mir, denn mir ist bange" (vgl. Psalm 69,18). Es waren Situationen, die sie an den Rand ihrer Existenz geführt haben, weil alles, woran sie sich bisher halten konnten, in Frage gestellt wurde. Eine Glaubens- und Lebenskrise also, die aber, so besagt ja das Wort „crisis", Menschen, die eine solche Krise, eine solche Lebensanfrage, bestehen, reifen lässt.

„Die Mitte der Nacht ist der Anfang des Tages", so heißt es fast schon sprichwörtlich und gleichzeitig tröstlich – auch wenn es in der Mitte der Nacht schwer fällt, an einen neuen Morgen zu glauben.

Die Nacht als Erfahrung und Synonym der Gottferne und der Verzweiflung, aber gleichzeitig auch als Ort der Hoffnung und Auferstehung kennt die Liturgie der christlichen Kirchen seit ihren frühesten Ausprägungen: Während der kürzesten Tage des Jahres feiern die Christen die Geburt der Hoffnung, des Lichtes von Bethlehem; in der Ölbergsnacht, der Nacht des Wachens und Betens, erinnert sie an die Verzweiflung und Angst Jesu, die alle Angst der Welt und alle Gottverlassenheit mit hineinnimmt. In der nächtlichen Ostervigil schließlich feiert sie den endgültigen Sieg über den Tod: Die ewige Nacht ist überwunden

und hat letztlich keine Kraft mehr über Mensch und Kosmos.
Hier also finden die unterschiedlichen Bedeutungen ihre gemeinsame Quelle. Christliche Hoffnung verkündet in der Mitte der Nacht den Anfang des Tages, aber sie verweist auch durch das Leben Jesu und die Erfahrung vieler heiligmäßiger Menschen darauf, dass das Durchdringen der Nacht zum Leben gehört, ja Teil des Lebens ist.
Diese Spannung auszuhalten und für das eigene Leben zu akzeptieren ist unsere lebenslange Aufgabe.

*Anneliese Hück*


**Ich** drohe im Strudel der Zeit zu ertrinken.
Verpflichtungen nagen an mir,
Termine fressen mich auf,
Verantwortung drückt mich an die Wand.
Ich kann nicht mehr!,
will ich schreien.
Doch schon versagt mir die Stimme.
Gehetzt will ich dem Stress entfliehen,
aber überall stehe ich mir im Weg.

Ich will die Augen schließen,
nur einen Augenblick lang,
schweigend nach innen schauen
und deine Nähe
in mir genießen:
Lebensatem, du!

*Georg Schwikart*

**A**ls Jiri Izrael,
einer der Stillen im Getümmel der Welt,
vor Ostern im Jahre fünfzehnhunderteinundfünfzig
bei Torun über die gefrorene Weichsel ging,
begann vor seinen Füßen
plötzlich das Eis zu brechen.
Und Jiri Izrael sprang
von Scholle zu Scholle
und sang dabei den Psalm:
Lobet im Himmel den Herrn,
lobet ihn in der Höhe,
lobet ihn all sein Heer.
Von Scholle zu Scholle,
lobet ihn Sonne und Mond,
lobet ihn alle leuchtenden Sterne.
Von Scholle zu Scholle,
lobet ihn ihr Himmel aller Himmel
und ihr Wasser über dem Himmel.
Von Scholle zu Scholle,
lobet den Namen des Herrn alle Dinge,
denn er gebot, da wurden sie geschaffen.
Von Scholle zu Scholle,
lobet den Herrn auf Erden,
ihr großen Fische und alle Tiefen des Meeres.
Von Scholle zu Scholle,
lobet den Namen des Herrn,
denn sein Name allein ist hoch,
seine Herrlichkeit reicht
so weit Himmel und Erde ist.
Und so gelangte Jiri Izrael
aus der Strömung des Flusses
glücklich ans Ufer.
*Verfasser unbekannt*

## *Abschied vom Glauben*

SUCHT und Schrecken
Verzehrendes Feuer
Der Abgrund
Alles oder Nichts
Witzloser Wahn
Eine Anrede

Und eine Ausrede:
Gott

GOTT ALLEIN ist absolut, nicht die Religionen und ihre geschichtlichen Formen. Jeder Blick der Menschen auf das wahrhaft Absolute – nennen wir es ruhig Gott – geschieht von einem geschichtlichen „Standpunkt" aus und hat folglich eine bestimmte Perspektive. Auch deswegen wird der religiöse Glaube unweigerlich vom Zweifel und von der Suche begleitet.
*Edward Schillebeeckx*

## *Am Anfang*

EINST dachte ich, glaubte ich an Gott.
Ich hatte mich verführen lassen
von all den schönen Worten über und Bildern
von Gott.
Es war so perfekt, so wunderbar.
Ich musste nicht suchen nach Antworten
auf Fragen, die ich als Kind noch gar nicht hatte.

Dann war ich jugendlich, noch nicht erwachsen
folgte weiter dieser herrlichen Phantasie.

Jetzt bin ich Jahrzehnte im wahren Leben angekommen
und sehr stark gefordert durch meine Krankheit
durch meine Arbeit und mehr.
Halt und Stütze finde ich nicht mehr
in den wohlklingenden Worten.
War es nur Illusion?
*Judith Schwikart*

## *Alpidisch*

D<small>IE</small> Täler zerreißen
wie Gott das Brot brach.
In die Gräben zwischen den Mündern
schießt das Wasser
aus Ache und Ferner.
Ob Petrus wieder darin fischt
nach Worten, und Jesus
darüber geht, selber Wort?

Die Unterwasserkamera
zeigt Wurzeln; Stämme und Schlick.
Pelzige Zungen.
Wer krank ist,
das erzählt keiner. Überhaupt:
Keiner erzählt.
Keiner geht in die Kirche,
deren Turm aus dem Reschensee ragt.
Eintauchen,
in welche Verblendung auch immer,
das ist vorbei.
Heute
taucht die Verblendung in dich
als Schimmel, als Virus, als Geschwulst.
Ob du See bist.
Kirchturm,
Talmund
oder Brot.

*Thomas Frahm*

## *Wie der liebe Gott einmal gottlob die goldrichtige Entscheidung traf*

Lange, sehr lange, ja fast schon von Ewigkeit zu Ewigkeit hatte er an diesen Termin gedacht. Und nun war der Tag gekommen: Er würde nicht mehr länger alleine sein! Bisher hatte es nur ihn und sonst nichts gegeben. Doch das war auf die Dauer zu wenig, zumal nichts wirklich sehr wenig war. Nein, das sollte sich ändern. Aus nichts sollte etwas werden und nicht bloß etwas, sondern etwas Gutes, das unendlich viel besser als nichts war. Licht sollte werden, wo vorher Finsternis war.

Ein letztes Mal überdachte er alles noch einmal; und gerade, es war an einem Montag, wollte er anfangen zu schaffen, da fiel ihm plötzlich die Frage ein, die er sich bis dahin noch nicht gestellt hatte, so gut sonst alles von ihm bedacht worden war: Warum sollte denn überhaupt etwas werden und nicht nichts bleiben?

Er runzelte die Stirn. Besser, er überschlief das Ganze noch eine Nacht.

Der folgende Tag war so schön, dass er am liebsten sofort mit dem Schaffen angefangen hätte. Doch es ging ihm nicht anders als am Vortag. Wieder dieselben Fragen, wieder dieselben Bedenken. Wurde er krank? Waren es seine Bedenken, die ihn angekränkelt hatten? Hatte er jedenfalls erst einmal angefangen zu denken, konnte er damit auch nicht mehr aufhören. „Besser" für wen? Immer galt das nur für ihn. „Besser" als was? Als nichts? Jedes „Besser", jedes „Schlechter" zerrann ihm unter den Händen, sobald er das „Etwas" mit dem „Nichts" zusammenbrachte. Offensichtlich hatte dieses „Etwas" keinen Vorzug vor dem „Nichts".

Auch während der nächsten Tage ging es ihm nicht besser, die Nächte schlief er immer schlechter. Und Freitagnacht wälzte er sich völlig schlaflos hin und her. Er fühlte sich von allen guten Geistern verlassen. „Besser", „schlechter", „besser" für wen, „besser" als was? Ja, was sollte er ihnen denn sagen, wenn es für sie manchmal so schlecht wäre, dass sie am liebsten gar nicht mehr wären? Fast ging es schon ihm so, auch wenn ihm diese Möglichkeit leider Gottes von vornherein verschlossen war, ewig wie er nun einmal war. Wenn das dabei herauskäme, dann wäre doch alles umsonst gewesen – und nicht nur umsonst, sondern sogar schlechter als alles andere. Wäre es nicht besser, dem zuvorzukommen? Doch wie und mit was? Für einen Moment verschlug es ihm den Atem: etwa ganz einfach, ganz leicht mit diesem vertrackten „Nichts"? Dann fehlte doch höchstens ihm etwas, aber niemandem sonst. Warum also nicht alles beim alten lassen – beim Alten, wie er mit einem Anflug von Heiterkeit bemerkte.

Und am Morgen des siebenten Tages, er hatte zum ersten Mal wieder besser geschlafen, wurde ihm vollends klar: Wenn er seine Ruhe auf die Dauer wiederhaben wollte, und das brauchte er dringend, weil ihn die letzte Woche doch sehr erschöpft hatte, ließ er besser ein für allemal die Finger davon. So beschloss er schließlich, das Schaffen ganz zu lassen.

Und wenn er später daran zurückdachte, sagte er sich immer häufiger: „Mein Gott, was für einen Fehler hätte ich beinahe gemacht!"

*Ludger Lütkehaus*

## *Das Phänomen eines Gottes*

**O**b ein eigenständiger Gott existiert, das abschließend festzustellen, steht wegen der mangelnden Allwissenheit des Menschen grundsätzlich außerhalb seiner Talente und Ressourcen.

Der Mensch bewegt sich zwischen zwei divergierenden Polen: Einerseits bleibt er, auch mit seinem Körper, ganz und gar unlösbar Teil einer Natur, die keine Ethik kennt, in der Hormone, Triebe und Zufälle regieren, die nicht die Sinnfrage stellt, sondern willkürlich fordert und investiert. Anderseits entwickelt eben die Gesamtnatur, unter anderem mit dem Menschen, (selbst-) bewusste Wesen, die über eine solche Determiniertheit hinaus wollen, die das ebenfalls bestehende soziale Prinzip der Evolution weiter bekräftigen.

Das Bewusstsein der eigenen Existenz, der soziale Charakter der menschlichen Art, das Erfinden der Geschichte, mithin der Vergangenheit und der Zukunft, das Erkennen, als Handelnde zu bestehen

und damit in der Welt Wirkungen zu entfalten, all dies beschert dem Menschen das Problem der Freiheit bzw. die Freiheit als Problem.
Er ist in die Welt hineingeworfen und frei zu entscheiden, in welchem Ausmaß der bloße physische Hunger ihn regiert oder ob er Verantwortung für eine würdige Kontinuität des Lebens übernehmen und damit die Sinnfrage stellen will. Vor diesem Hintergrund sucht er eine Orientierung, die es erlaubt, sich zu legitimieren, der Willkür der Belanglosigkeit und der Leere des Alls zu entkommen, einen Sinn zu stiften.
Die Idee eines Gottes, der den Menschen orientiert und anleitet, liegt daher angesichts der Größe der Anforderung nahe. Wagt der Mensch es nämlich, die Sinnfrage zu stellen, hilft ihm ein außerhalb von ihm liegender Gott, die Last der Richtungssuche und -begründung aus sich heraus auf etwas Externes zu übertragen, womit und damit ein Vorbild, eine Autorität, eine Stütze entsteht.
Da eine externe Autorität beschränkt und angreifbar ist, verliert die Idee eines externen Gottes mit der Kritik jedoch an Kraft, mehr und mehr verlagert sich die göttliche Idee, zunächst vom bildhaften Gott zu einem diffusen Gott. Letzterer wird schließlich abstrakt als im Menschen selbst wohnend begriffen.
Im Sinne der Aufklärung agierende Menschen mögen selbst den inneren Gott verwerfen und die Verantwortung und die Last der Freiheit ganz und gar selbst übernehmen; ein solches Gewicht trägt sich indes nicht leicht und wird übernommen um den Preis, das tägliche Scheitern des Menschen, den Kampf um das Gute und Richtige ganz und gar aus eigener Kraft antreiben und behaupten zu müssen.
Nach dieser totalen Befreiung von Gott steht es an, ein ihm ähnliches Äquivalent in Kenntnis der Beschränktheit der menschlichen Fähigkeiten, der Struktur menschlicher Psyche und der Leere und des Nichts bewusst neu einzuführen. Der Mensch ist aufgerufen, aus der eigenen Beschränktheit heraus ein harmonisches Weltbild der Balance zu erbauen, in dem absichtlich auch das Unerfassbare wohnt, so wie die Liebe, der Traum und die Hoffnung. Hier wäre auch Raum für das Phänomen eines Gottes, nicht geglaubt, sondern zum Glauben konstruiert.

*Achim Baumgartner*

**ANGENOMMEN,**
da wäre kein Himmel, kein Gott,
    keine Ewigkeit,
        obwohl vom Menschen besungen, bedichtet,
        da wären nur die Erde, ein Du und die Zeit.
Angenommen, es wölbte sich um uns
    das Nichts,
      die Gebete zielten ins Leere,
        wir gäben jemandem die Ehre, der nicht existiert.
      Eine Idee, immerhin, tröstliche Phantasie.
Angenommen also, was bliebe?
    Na, Glaube, Hoffnung
    und Liebe.
Glaube, dass Glück gelingen kann,
    wenn auch nur für Momente.
    Hoffnung auf eine gerechte Welt, obwohl
    die Erfahrung dagegen spricht.
    Liebe schließlich, ich hab sie gespürt.
Es blieben dein Schoß, Gedichte und Wein,
    es blieben Blumen und Sonnenschein,
    es blieben freilich Krieg und Gewalt,
    Naturkatastrophen, Krankheit und Tod.
Die Übel nimmt nämlich jener nicht weg,
    der – angenommen – alles erschuf.
    Er schweigt.
Wir müssen hier durch, mit oder ohne Segen
    von oben. Tun wir so, als wäre da niemand.
    Mühen wir uns, edel, hilfreich und gut.
Wenn doch, gibt's am Ende
    eine schöne Überraschung.
    Was haltet ihr davon?
    Dafür? Dagegen? Enthaltungen? Damit:
Angenommen.

    *Georg Schwikart*

## *Prometheus*

Bedecke deinen Himmel, Zeus,
mit Wolkendunst
und übe, dem Knaben gleich,
der Disteln köpft
an Eichen dich und Bergeshöhen!
Mußt mir meine Erde
doch lassen stehen
und meine Hütte die du nicht gebaut,
und meinen Herd,
um dessen Glut
du mich beneidest.
Ich kenne nichts Ärmeres
unter der Sonn als euch, Götter!
Ihr nähret kümmerlich
von Opfersteuern
und Gebetshauch
eure Majestät
und darbtet, wären
nicht Kinder und Bettler
hoffnungsvolle Toren.
Da ich ein Kind war,
nicht wußte, wo aus noch ein,
kehrt ich mein verirrtes Auge
zur Sonne, als wenn drüber wär
ein Ohr, zu hören meine Klage,
ein Herz wie meins,
sich des Bedrängten zu erbarmen.
Wer half mir
wider der Titanen Übermut?
Wer rettete vom Tode mich,
von Sklaverei?
Hast du nicht alles selbst vollendet,
heilig glühend Herz?

Und glühtest jung und gut,
betrogen, Rettungsdank
dem Schlafenden da droben?
Ich dich ehren? Wofür?
Hast du die Schmerzen gelindert
je des Beladenen?
Hast du die Tränen gestillet
je des Geängsteten?
Hat nicht mich zum Manne geschmiedet
die allmächtige Zeit
und das ewige Schicksal,
meine Herrn und deine?
Wähntest du etwa,
ich sollte das Leben hassen,
in Wüsten fliehen,
weil nicht alle Blütenträume reiften?
Hier sitz ich, forme Menschen
nach meinem Bilde,
ein Geschlecht das mir gleich sei,
zu leiden, zu weinen,
zu genießen und zu freuen sich
und dein nicht zu achten,
wie ich!
    *Johann Wolfgang von Goethe*


**I**ch glaube nicht mehr, dass Gott im menschlichen Leben in den normalen Ablauf von Ursache und Wirkung eingreift. ... Ich glaube nicht mehr, dass meine Gebete den Verlauf einer Krankheit oder den Weg eines Hurrikans verändern. ... Ich glaube nicht mehr an einen Gott, der einer Nation helfen kann, einen Krieg zu gewinnen.
    *John Spong*

## *Das Lachen*

„Arbeit macht frei" stand in großen Buchstaben über dem breiten Eisentor, durch das ich hindurchging. Ich trat auf das Gelände, spürte die Unebenheiten des Kopfsteinpflasters unter den Füßen. Unwillkürlich drehte ich mich noch einmal nach dem Spruch um, der hinter dem Tor plötzlich keinen Sinn mehr ergab, weil ich ihn von hinten nach vorn gelesen nicht mehr entziffern konnte.

Reisebusse standen auf dem Gelände. Besucher unterschiedlichster Nationen, Schulklassen, junge und alte Menschen sammelten sich an diesem Ort. Nur Kinder nicht.

Man schleuste sich durch Gänge an Zellen vorbei, an Pritschen und unzähligen Fotos. Die einen gingen schneller, die anderen langsamer. Ich mit ihnen, mein eigenes Tempo bestimmend.

Das letzte Foto, das ich mir ansah, zeigte das Gesicht eines Mannes. Für einen Moment glaubte ich, der Mann würde lachen. Im nächsten Moment erkannte ich, dass seine Lippen ausgeschnitten waren, damit er immer lachen musste.

Ein Mädchen stand neben mir, es war vielleicht sechzehn Jahre alt. Es blickte, ebenso wie ich, in dieses lachende Gesicht.

Später setzte ich mich in die Kapelle der Gedenkstätte und dachte eigentlich an nichts. Plötzlich war das Mädchen wieder da. Es setzte sich neben mich.

Vor uns betete ein älterer Mann das Gegrüßet seiest du Maria und das Vater unser halblaut im Wechsel.

„Wie kann man nach so einem Besuch noch beten", fragte ich das Mädchen ganz unvermittelt. Ich war erstaunt über mich, was wollte ich eigentlich wissen? „Das ist eine gute Frage", antwortete das Mädchen in gebrochenem Deutsch. Es hielt einen Augenblick inne, dann beugte es sich leicht nach vorn und legte den Kopf in die gefalteten Hände.

*Adrienne Brehmer*

> **Fernab**
> gelehrter Theologie
> und frommer Predigten
> wage ich es
> mich meines eigenen Glaubens
> zu bedienen
> nur so
> hast du, Gott
> noch eine Chance
> *Georg Schwikart*

## *Ich kann auch ohne Kirche glauben*

Es geht auch ohne. Ohne diese Institution. Auch wenn sie uns glauben machen will, es ginge so nicht, aber es geht trotzdem. So lange kann ich nicht warten, bis sie sich vielleicht doch mal verändert, endlich wieder (hat sie's denn jemals außer am Anfang und immer mal wieder in Einzelfällen zwischendurch?) ein menschliches Gesicht trägt. Gott ist Mensch geworden, der Kirche scheint das schwer zu fallen.
Es braucht etwas Mut, Mut mich los zu reißen, der inneren Emigration auch den Gang zum Amtsgericht folgen zu lassen. Heute muss man sogar 40 € dafür bezahlen, dass man austritt, aber es rechnet sich. Ein Unikum, dass man für den Austritt aus einer Institution bezahlen muss, vielleicht weil der Eintritt umsonst ist? Nun, die „Mitgliedsbeiträge" läppern sich ganz schön im Laufe der Jahre. Aber egal, es geht nicht ums Geld, mir geht's zumindest nicht drum. Auf der anderen Seite bin ich mir da übrigens inzwischen nicht mehr so ganz sicher, dafür habe ich zu viel hinter die Kulissen geschaut.
Ich sag's gerne noch mal: Es braucht Mut, die so vertraute innere und äußere Heimat „Kirche" zu verlassen, Mut zur Heimatlosigkeit. Ging Jesus damals, glaube ich, nicht so wesentlich anders, „der Menschensohn hat keinen Platz, wo er sein Haupt hinlegen kann." (Mt 8,20)
Okay, den inneren Prozess der Loslösung durchlebt, zum Amtsgericht

gegangen, völlig nüchtern, bürokratisch, das Formular füllte der Angestellte selber aus. Da mir vor lauter Spannung nicht sofort einfiel, wo ich getauft war (d. i. der Ort des „Eintritts"), stand da halt „unbekannt". Das war's, noch keine vier Minuten – nichts, gemessen an dem, was dem an Unsicherheit, an bangen Fragen, an naiver Kirchengläubigkeit voran ging. Und nicht nur voran. Als ich im Folgemonat ein paar Aufträge weniger bekam als in der Zeit davor, da dachte ich immer noch: Siehste, das kommt davon! Kam aber nicht davon, hat sich im Gegenteil ausgesprochen positiv entwickelt. Siehste!

Es hat sich übrigens keiner bei mir gemeldet, es ist bei Kirchens anscheinend keinem aufgefallen, dass ich ausgetreten bin, kein Brief, kein Anruf, kein Bekehrungsbesuch, gar nichts. Im Evangelium steht, dass der gute Hirte die 99 Schafe im Stich lässt, um das eine zu suchen, das verloren gegangen war. Es war der Text, der bei meiner Priesterweihe vorgelesen wurde. Aber anscheinend baut man momentan lieber Mauern um diejenigen, die noch drin sind, damit sie nicht auch noch weglaufen. Nicht aus Beton, eher aus Angst und Moral oder Gutgläubigkeit, der „langfristigen Reform von innen", die so einen endlos langen Atem braucht. Ich bin Marathonläufer, ich habe einen langen Atem, aber irgendwann habe ich begriffen: Man kann auch schief liegen, von mir aus gar regelrecht „sündigen", wenn man drin bleibt und nicht irgendwann entschlossen raus geht. Vielleicht liegt es ja daran, dass das eine Schaf gar nicht verloren ist und dass sich der Hirte deshalb nicht drum kümmert.

Und um das gleich klarzustellen: Der liebe Gott hat sich gekümmert, ja, echt, um mich, deutlich spürbar und manchmal regelrecht auf Tuchfühlung. Ein guter Hirte ist er jedenfalls, kann ich bestätigen. Sein (?) viel zitiertes „Bodenpersonal" bekennt das auch, aber es hapert anscheinend ein bisschen mit der Umsetzung. Das legt mir die Vermutung nahe, dass es in der Kirche längst um ganz was anderes geht als um Liebe, um Sich kümmern, um Gemeinschaft, um Rettung der Seelen. Vielleicht geht's dort mehr um die eigene Rettung, um Machterhalt, um den „heiligen Rest", der durchhält, der übrig bleibt und der an der richtigen Seite steht und das ist immer die eigene.

Aber gut, ausgetreten – und was dann? Anfangs nichts als die klare, manchmal auch etwas trotzige Überzeugung, die da lautet: Ob ich zu Gott und zu Jesus gehöre, ob ich „ein Freund von Jesus" bin, wie ich es jahrelang als Leitmotiv in meinem Leben erfuhr, das hängt nicht von der formalen Mitgliedschaft und einer Steuernummer ab. Recht so! Ich lasse mir doch meinen Glauben nicht nehmen! Aber sie kam trotzdem, diese Leere, diese Orientierungslosigkeit. Nichts war mehr klar und selbstverständlich – wobei ich nach und nach erst einmal merkte, wie viel für mich klar und selbstverständlich gewesen war. Immerhin habe ich doch Theologie studiert – aber das hilft beim Glauben nur sehr bedingt. Mit dem Wort „Gott" bin ich übrigens etwas vorsichtiger geworden und „Herr" sage ich schon lange nicht mehr. Zugleich ist es mitten in der gefühlten Leere viel einfacher geworden, über den „lieben Gott" zu sprechen, Gott ist irgendwie – im besten Sinne – alltäglicher geworden, ist mehr in meinen Alltag gerückt. Ich hatte mir eine Brücke gebaut: Ich wollte einfach nicht mehr von „Gott" reden, sondern nur noch von „Liebe", bis ich nach und nach merkte, dass die beiden sich sozusagen zum Verwechseln ähnlich sind. Hab ich jedenfalls gemerkt und zwar ganz ohne tiefsinnige Gedanken, theologische Dispute oder Dogmen. Ging auch so, einfach menschlich, ist Gott ja schließlich auch schon mal passiert, das mit der Menschwerdung.

Ach ja, noch was. Heute gehe ich hin und wieder mal in einen Gottesdienst, egal welcher Fraktion. Oder einfach so in eine Kirche, vor allem, wenn sie leer ist. Es ist so herrlich still dort, man spürt gleichsam die Kraft all der Gebete, die hier mit dem Herzen gesprochen wurden. Selbst wenn man die abzieht, die nur mit dem Mund gesprochen wurden, bleiben ja immer noch genug übrig. Es gibt einen riesigen Schatz von Geheimnissen zu bergen, „Liebesgeflüster" sozusagen. Man muss sich nur davon frei machen, dass dieser Schatz Eigentum der Kirche ist, dieser Institution gehört. Er gehört allen Gläubigen, uns allen, egal welcher Herkunft und Konfession. Und vielleicht ist der liebe Gott inzwischen ja auch ausgetreten.

*Jochen Jülicher*

Mir fällt es momentan schwer, mich auf eine Religion, auf einen „Gott" einzulassen und festzulegen. Natürlich bin ich christlich geprägt, ich wurde katholisch erzogen, ging zur Kommunion, meine Mutter ist in der Gemeinde tätig. Glaube wurde mir nahe gebracht, angeboten und ein Stück weit auch anerzogen.

Nun begebe ich mich selbst auf die Suche danach. Dass da etwas ist, was uns lenkt und prägt, davon bin ich überzeugt. Ich hatte schon spirituelle Erlebnisse, wie das Gefühl, dass mir etwas antwortet, meist auf ganz andere Weise, als gedacht oder gehofft.

Doch, bist du das, Gott?

Und wenn, wer bist du, Gott?

*Katharina Dauben*

## *Suchanzeige*

Da könne sie mir nicht helfen,
wirklich nicht,
meinte die Dame vom Fundbüro.

Selbst der Heilige Antonius,
sonst so zuverlässig,
versagte seinen Dienst.

Hilft mir jemand suchen?
Ich habe nämlich
meinen Glauben verloren.

*Georg Schwikart*

Die Daseinsberechtigung des Menschen könnte ja darin bestehen, an Gott zu denken. Wenn er ihn ignorieren oder lieben kann, ist er gerettet. Beginnt er aber ihn zu ergründen, dann ist er verloren. Gerade dazu scheint der Mensch geschaffen zu sein, um ihn zu ergründen, ihn zu plagen. Es ist nicht verwunderlich, dass in kürzester Zeit nichts von

ihm übrig geblieben ist. Gott leistet durchaus Widerstand, aber der menschlichen Reflexion ausgesetzt, verliert er seine Substanz. Merkwürdigerweise haben ihm einige Philosophen unendliche Reflexion zugeschrieben ... Ein armseliger Nachlass bleibt jetzt von der Gottheit übrig, ein Lumpenzeug, das wir anlegen in Ermangelung von Besserem.
*Émile Michel Cioran*

**W**ARUM Gott? Warum nicht Götter? Wenn ich schon an Wesenheiten glauben sollte, beziehungsweise an die Existenz von etwas, das auch mit den ausgeklügeltsten Verfahren nicht sichtbar oder anders überprüfbar erfahrbar gemacht werden kann, dann doch eher an eine Mehrzahl von Göttern; jeder und jede zuständig für einen bestimmten Bereich. Aber dieser eine Gott, an den zu glauben mühsam durchgesetzt wurde, dessen Geschichte – eine sehr kurze, gerade einmal 2500 Jahre alt – sehr gut bekannt ist, erweist sich als eine logische und ethische Zumutung. Er ist für alles verantwortlich. Er liebt die Menschen und vernichtet sie. Sein Ratschluss ist unerforschlich, aber wer nicht an ihn glaubt, den lässt er ewig in der Hölle schmoren. Er gab den Menschen die Vernunft, verlangt aber zugleich, dass man diese aufzugeben habe – um des Glaubens willen.

Ist es heute nach mehr als einem Vierteljahrtausend Aufklärung noch notwendig zu begründen, warum es nicht mit der Vernunft vereinbar ist, an diesen Gott der Juden, Christen und Muslime zu glauben? Das ist kein Plädoyer für den Glauben an andere Götter!

Aber verlieren wir nicht etwas, wenn wir den Glauben an Gott und Götter in den Museen der Voraufklärung ausstellen? Was sollten wir verlieren angesichts der Summe an Inhumanität, an Verdummung, die auf das Konto der Gottgläubigen ging und geht? Erst wenn der religiöse Glaube, der Glaube an Gott, verschwindet, kann der Mensch frei und dem Menschen ein Freund sein. Das ist zwar keine hinreichende Bedingung, aber eine notwendige.

Deshalb: Ni dieu, ni maître! (Kein Gott, kein Herr)
*Günter Kehrer*

## *Weitermarschieren*

Obwohl das Landeskirchenamt ein relativ modernes Gebäude war, schlug mir der Geruch einer ehrwürdigen Institution entgegen, als ich das Hauptportal durchschritt.

„Becker ist mein Name", meldete ich mich am Empfang, „ich habe einen Termin mit Kirchenrat Stüttgen."

Die Dame hinter der Rezeption sah mich streng über ihre dunkle Hornbrille hinweg an, telefonierte kurz und sprach dann etwas aufgebläht: „Der Herr Oberkirchenrat Dr. Stüttgen erwartet Sie, ist aber noch für einen Moment verhindert. Darf ich Sie bitten, einen Augenblick Platz zu nehmen?"

„Sie dürfen", nickte ich und ließ mich in einen der Ledersessel fallen, die wie in einer Hotelhalle in kleinen Grüppchen zusammenstanden. Auf niedrigen Tischchen lag die aktuelle Ausgabe der Kirchenzeitung aus, außerdem Programme von evangelischen Tagungshäusern. Ohne sie zu lesen, nahm ich ein paar Papiere in die Hand, blätterte sie durch und versuchte, meinen Atem zu beruhigen. Ich war mir meiner Sache wieder ganz sicher, eigentlich. Alle Skrupel waren verflogen, diese Atmosphäre hier bestärkte mich in meinem Entschluss. Und doch verspürte ich eine gewisse Aufgeregtheit, was mir der Schweiß unter den Armen verriet. Den Termin hätte ich mir sparen können, ging es mir durch den Kopf. Als ich auszurechnen versuchte, wie viele Jahre es her war, dass ich zum letzten Mal hier gewesen war, trat eine hübsche junge Frau in dunkelblauem Kostüm an mich heran.

„Herr Pfarrer Becker?", lächelte sie wie eine Stewardess.

Ich nickte wieder, stand auf und wurde von diesem reizenden Geschöpf durch verschiedene Flure geführt. An den Wänden hingen in Glasrahmen Plakate von Kirchentagen, kalligraphische Jahreslosungen und Reproduktionen von Baselitz. Gern hätte ich einen netten Smalltalk mit der jungen Frau angefangen, aber mir fiel kein Einleitungssatz ein und sie schwieg mit geradezu asiatischer Anmut. Außerdem irritierte mich, dass ein solches Wesen in einem solchen Hause arbeiten konnte. Und ihr Parfüm!

Ich wurde noch durch ein Vorzimmer geführt, das um ein Vielfaches

größer war als mein Pfarrbüro zu Hause, bis ich endlich die gepolsterte Tür zum Allerheiligsten durchschreiten durfte. Stüttgen saß hinter einem Ungetüm von Schreibtisch, auf dem nicht mehr als ein Telefon und ein Bilderrahmen standen, dessen Inhalt ich allerdings nicht sehen konnte. Er las gerade in einem aufgeschlagenen Ordner – meine Personalakte!, schoss es mir durch den Kopf – und erhob sich lächelnd, als ich eintrat. Den Ordner klappte er geschwind zu, schritt um den Schreibtisch herum, schloss im Gehen noch den Knopf am Jackett und gab mir kraftvoll die Hand: „Herr Pfarrer Becker, wie schön, Sie wieder einmal zu sehen." Dann wies er galant auf den Stuhl vor dem Schreibtisch, dessen Rückenlehne etwas niedriger war als seine.
„Ja, wir hatten schon einmal das Vergnügen", sagte ich beklommen höflich, „bei der Visitation. Ich meine '85 war's, ja?" Sein Outfit beeindruckte mich, er hätte mit seinem Nadelstreifenanzug, der goldenen Krawattennadel und der randlosen Brille auch als Chef einer Bank durchgehen können.
„Warten Sie", sagte er und legte den rechten Zeigefinger auf den Mund, „ich müsste das genau wissen, denn gleich anschließend bin ich nach Kolumbien geflogen, eine Reise im Rahmen der Brot-für-die-Welt-Aktion. 1986, ja es war 1986."
Geflogen!, notierte ich innerlich, das scheint erwähnenswert.
Er saß wieder, hatte zuvor den Jackettknopf geöffnet, lehnte sich jetzt zurück und sah ganz nebenbei auf seine Uhr. „Herr Pfarrer Becker, was kann ich für Sie tun?"
Ich zögerte einen Augenblick mit der Antwort, weil ich seine Frage ernst nahm. Dann sagte ich: „Eigentlich nichts." Ich meinte, sein linkes Auge hätte gezuckt, aber ansonsten bewahrte er Fassung. „Das heißt", fuhr ich fort, statt angemessen zu schweigen, „vielleicht hören Sie mir etwas zu."
„Aber bitte." Er faltete die Hände auf dem Bauch.
„Vor dreißig Jahren habe ich Abitur gemacht", fing ich an. „Während meine Mitschüler hin- und her gerissen waren, was sie machen sollten, stand mein Entschluss längst fest. Ich wollte Theologie studieren und Pfarrer werden. Das empfand ich als Berufung von Gott höchstpersön-

lich. In Heidelberg und Marburg wurde ich ausgebildet, ein Semester durfte ich als Gast in Uppsala sein. Anschließend die kirchliche Ausbildung nach Plan, Vikar, Ordination, Pastor in der Schulseelsorge, seit siebzehn Jahren bin ich Pfarrer in Monberg."
Stüttgen sah mich aufmerksam an. Dem Fuchs war nicht anzusehen, was er dachte.
„Erinnern Sie sich an unsere Kirche?"
Nun legte er seine Stirn in Falten. Ich beschrieb unsere Kirche: Ein Betonbau aus den siebziger Jahren, wie ein Zelt konzipiert, mitten im Neubaugebiet der Vorstadtgemeinde gelegen. Theologisch war damals die Botschaft ‚Christus als Clown' schick. Stüttgen bewegte zustimmend seinen Kopf, verharrte ansonsten abwartend.
Ich fuhr fort zu erzählen: „Die Monberger sind ganz in Ordnung. Sie übertreiben es nicht mit der Religion, aber sie stehen zu ihrer Kirche. Die Gottesdienstbesucherzahlen liegen im Schnitt, die Austrittszahlen sogar leicht darunter."
„Das wird auf Ihr segensreiches Wirken zurückzuführen sein", unterbrach er mich lächelnd.
Der Mann verstand sein Handwerk. Aber ich nahm meinen Faden wieder auf. „Oh ja, wie viele Sonntage habe ich dort gepredigt – in zwanzig Minuten die gesamte Heilsgeschichte abgehandelt und alle Probleme der Gegenwart mit eingeflochten."
Jetzt hatte Stüttgen die verschränkten Hände gelöst und auf die Armlehnen gelegt.
„Die ganzen Aktivitäten nicht zu vergessen: vom Flötenkreis über das Büchereiteam bis zur Altpapieraktion; Dritte-Welt-AK, Friedensgruppe – hat in letzter Zeit nachgelassen –, Bibelkreis, Freizeiten für Konfirmanden, Seniorenclub, ökumenische Runde, Reisen zu Stätten der Christenheit, sogar Ikebana für Anfänger ..."
Stüttgen öffnete den Mund, sprach aber nicht gleich.
Mir fiel noch die Yogagruppe ein.
Stüttgen begradigte genervt seinen Schlips. Bemüht freundlich fragte er: „Nehmen wir das einmal als Präludium; was aber wollen Sie mir sagen?"

„Wenn ich Ihnen mitteilen würde, dass ich schwul bin – was würden Sie *mir* sagen?"

Stüttgen faltete wieder die Hände auf dem Bauch. Er hielt einen Moment inne und redete dann gestelzt: „Ich würde Ihnen sagen, dass unsere Landessynode auf ihrer letzten Herbsttagung einen Beschluss gefasst hat, dahingehend, homophile Lebensgemeinschaften als vereinbar mit dem Glauben und Bekenntnis unserer Kirche anzuerkennen, wenngleich angemerkt wurde, dass der biblische Befund nicht eindeutig ist. Das gilt selbstverständlich auch für jene, die im Pfarramt tätig sind, wobei in diesem Falle auf die Gegebenheiten der Gemeinden Rücksicht zu nehmen ist." Er unterbrach sich, schluckte, als suchte er nach dem richtigen Fortgang. „Was allerdings das Auftreten dieser Neigung innerhalb einer Ehe betrifft, also wenn die entsprechende Person bereits verheiratet ist ..."

Gern hätte ich ihn ein wenig zappeln lassen, denn der eloquente Fürst kam doch ins Schwimmen. Ich aber fiel ihm ins Wort: „Schon gut. Ich bin nicht schwul. Vor zwei Monaten haben meine Frau und ich Silberhochzeit gefeiert. Wir lieben uns immer noch."

Stüttgens Gesichtsausdruck sprach Bände.

„Was würden Sie sagen, wenn ich mich als Alkoholiker outen würde?"

Stüttgen befand sich wieder auf sicherem Terrain, das war seiner Antwort anzumerken: „Ich würde Sie an eine unserer Beratungsstellen verweisen, Ihnen eine Entziehungskur anraten und Ihnen versichern, dass die Landeskirche Sie nicht im Stich lässt. – Aber, werter Herr Pfarrer Becker, glauben Sie mir, hier haben schon Pfarrer gesessen, die Alkoholiker waren. Die machten einen anderen Eindruck als Sie." Jetzt waren seine Arme verschränkt.

„Stimmt. Ein Letztes: Müsste ich mich wegen einer Straftat verantworten ..."

„... würde ich Sie auffordern, zu Ihrer Verantwortung zu stehen. Darüber hinaus ist jeder Einzelfall zu prüfen. – Becker! Was für ein Spiel soll das sein? Pfarrer sind Menschen wie andere auch. Muss ich Ihnen das sagen? Pfarrer können fehlgehen, ihre Ehen scheitern, sie verlieren ihren Weg – nichts Menschliches ist denen fremd, die im Pfarramt der

Kirche dienen. Sie sind nicht hierher gekommen, um sich das von mir sagen zu lassen?"

Ich gestehe, in diesem fast verärgerten Zustand gewann der Mann an Format. Seine Hände lagen nun, zu lockeren Fäusten geballt, auf dem Schreibtisch.

„Sie haben Recht." Ich seufzte unbewusst; es war mir peinlich, weil es dem, was ich zu sagen hatte, einen pathetischen Anstrich gab, den ich vermeiden wollte. „Sie haben Recht. Ich will nicht allgemein sprechen, von Irgendjemand, sondern von mir. Eben erzählte ich von der mittlerweile angestaubten Theologie, die Christus als Clown innerhalb der modernen Welt verstand. Mir wurde mit der Zeit klar: Der Clown bin ich! Zunächst schob ich meine Zweifel auf die Unvereinbarkeit der Lutherbibel oder der altmodischen Lieder mit der Gesellschaft von heute. Aber auch zeitgenössische Übersetzungen oder religiöse Poplieder konnten nicht darüber hinwegtäuschen, dass es um etwas anderes ging: Nämlich um den Glauben selbst."

In diesem Augenblick klopfte es. Die Sekretärin brachte Kaffee, von süßem Parfümduft umweht. Der Kaffee tat gut, aber ich bedauerte doch, unterbrochen worden zu sein, nachdem ich endlich einen Schritt zum eigentlichen Thema getan hatte.

Stüttgen blickte ganz unverhohlen auf die Uhr. Ich solle zur Sache kommen, forderte er mich auf. Das empfand ich als dreist, waren doch höchstens fünfzehn Minuten vergangen und in der Regel hielten sich die Herren eine halbe Stunde für die Bittsteller frei. Stüttgens Geduld war also erschöpft, und ich musste auspacken. Auch gut.

Ich sprach leise, was ich gar nicht vorhatte: „Zur Sache: Ich habe meinen Glauben an Gott verloren."

„Haben Sie schon einmal mit der psychologischen Beratungsstelle für Seelsorger Kontakt aufgenommen?" – Ganz der Manager! Er rückte seine Brille zurecht, obwohl sie gar nicht schief saß.

Ich machte Stüttgen darauf aufmerksam, es handle sich nicht um ein psychologisches Problem. Beim Abwägen aller Argumente für und wider die Existenz Gottes sei ich zum Ergebnis gekommen, dass es keinen Gott gebe.

Wie lange ich diese Haltung schon besitze, wollte er wissen. Ich zögerte mit der Reaktion, weil es mir unangenehm war, gab dann schließlich zu: „Etwa drei Jahre."

Der Kirchenmann fragte, warum ich mich nicht schon längst jemandem anvertraut hätte.

„Das habe ich! Mehreren Kollegen, sogar dem Dekan. Und wissen Sie, was man mir mit auf den Weg gab? Man kenne das, hieß es, jeder habe das schon erlebt. Das gehe vorüber, einfach weitermarschieren!"

Stüttgen goss sich Kaffee nach. „Und? Sprachen Ihre Schwestern und Brüder im Amt nicht aus Erfahrung? Glauben besitzt man nicht, wie eine Ware, er ist ein schlüpfriges Gut, er ist Geschenk ..."

„Glauben ereignet sich augenblickhaft!", fügte ich lachend hinzu, womit ich nur eine tatsächlich gebräuchliche Sichtweise der Theologie aufgegriffen hatte. „Ich halte das für eine vornehme Art des Selbstbetruges. – Glauben Sie an Grüne Männchen auf dem Mars?"

Stüttgen reagierte nicht.

„Na also. Und genauso wenig glaube ich an Gott."

„Das nehme ich Ihnen nicht ab."

Natürlich hatte ich übertrieben, brachte es aber nicht fertig, ihm zuzustimmen. Ich erwähnte ein paar Argumente der klassischen Religionskritik, etwa, dass Gott Produkt unserer kindlichen Phantasie sei, aber Stüttgen meinte ganz geschäftlich, ob es wirklich meine Absicht wäre, in dieser halben Stunde Feuerbach oder Freud oder auch Gottesbeweise zu diskutieren. Wo jetzt das Problem sei, das ihn betreffe.

„Folgerichtig quittiere ich meinen Dienst."

Stüttgen schob den Unterkiefer ein wenig vor. „Sie wollen ihr Pfarramt niederlegen? Haben Sie eine andere Anstellung in Aussicht?"

„Nein."

„Bitte? Wie stellen Sie sich das denn vor? Verzeihen Sie, wenn ich so frage, es liegt mir fern, mich da in Ihre persönlichen Angelegenheiten einzumischen; aber ein Mann in Ihrem Alter hat es schwer auf dem Arbeitsmarkt."

„Das weiß ich."

„Was halten Sie davon, einen ausgedehnten Urlaub zu nehmen, viel-

leicht ein ganzes Sabbatjahr? Man könnte auch verhandeln, dass Sie für, sagen wir mal, drei Jahre vom Amt freigestellt werden."
Mich rührte sein Bemühen, mir entgegenzukommen, aber er verstand nicht.
Ich schüttelte den Kopf: „Ich kann nicht mehr. Ich will nicht mehr. Es gibt keinen Gott." Jetzt hatte ich die Hände auf dem Bauch gefaltet, weil ich nicht wusste, wohin mit ihnen, so zappelig war ich auf einmal.
Stüttgen war aufgestanden, stellte sich hinter seinen hohen Ledersessel, sah mich an, als wolle er mich aufrütteln: „Mensch, Becker, Sie wollen alles aufgeben – das Amt, die soziale Absicherung, – nur weil Ihnen der Glaube flötengegangen ist? Etwas mehr als zehn Jährchen noch, und Sie werden pensioniert! Sie wissen doch nicht, worauf Sie sich da einlassen. Nehmen Sie doch Vernunft an!"
Ich war auch aufgestanden. „Das ist ja mein Problem, Herr Oberkirchenrat: Ich habe zuviel davon angenommen."
Kurzum, ich nahm mir eine Woche frei, fuhr nach Lüsen in Südtirol. Dort ging ich wandern und trank abends in meiner kleinen Pension kräftigen Rotwein. Auf der Rückfahrt im Zug machte ich schon wieder ein Konzept für die Konfirmandenfreizeit im Herbst und notierte Gedanken für die Sonntagspredigt.
Was sind schon zehn Jährchen?

*Georg Schwikart*


LEICHTER wäre es, von Gott zu schweigen als von ihm zu reden. Wer schweigt, blamiert sich nicht. Wer schweigt, ist nicht angreifbar. Wer schweigt, scheint weise zu sein.
Von Gott reden, wie von ihm wohl geredet werden müsste, ist unmöglich. Noch unmöglicher aber ist es, nicht von ihm zu reden.

*Kurt Marti*

## *Der ganz Andere*

Ich spreche nicht mehr über Gott,
verweigere mich dem Wahn,
jenen mit Worten packen zu können,
der sich dem Verstehen entzieht.

Begreiflich das Bedürfnis,
ihn definieren zu wollen,
damit er berechenbar wird,
ein verlässlicher Vertragspartner.

Theologie sagt nichts über Gott,
alles aber über die Glaubenden:
arme Seelen eben.
Ich spreche nicht mehr über Gott.

Doch gelegentlich noch mit ihm.

## *Mein Gott ist schwarz*

Ich schlafe gern
und träume
Ich träume so oft, dass ich darüber
Geschichten schreiben kann
Ich träume tief in der Nacht,
    so tief, dass ich meinen Traum wie einen
      mit viel Zucker gesüßten Schwarzen Tee
      mit Freude trinken kann
Eines Nachts träumte ich wieder
Ich war schwarz wie mein Tee vom Schwarzen Meer
In meinem Traum war ich schwarz
Inmitten meines Traumes träumte ich von Gott
mein Gott war auch schwarz
Ich konnte nicht aufhören weiter zu träumen
Ich war gelb
mein Gott war auch gelb
Am zweiten Tag träumte ich weiter
ich wollte unbedingt die Wahrheit finden
Ich war bei der Suche nach der Farbe meines Gottes
Ich war weiß
mein Gott war es auch
Ich war rot, mein Gott auch
In meinem Traum
regnete, donnerte und aus dem Himmel blitzte es,
der Regen hörte auf,
es bildete sich eine Brücke vom Regenbogen
über die Kontinente hinaus
eine bunte Farbenpracht
da fühlte ich mich wie im Paradies

ich wachte auf, sagte mir, das war mein Gott,
der mich lehrte
aus der Tiefe des Himmels

zeigte mein Gott seine Wunder mit einem bunten
Regenbogen,
der jede Farbe in sich vereint hat
und das war ich als Mensch in meinem Traum
ich stehe auf, schaue durch das Fenster über den
Gartenzaun hinaus
es scheint die Sonne
die Bäume lassen ihre gelben Blätter hinunter
die grünen Blätter bekleiden ihre Äste weiter
und tanzen vor Freude,
dass sie noch die Kraft der Wurzeln des Baumes genießen
Eine Harmonie der Natur, wie das Leben und Sterben
Es ist Herbst, es scheint immer noch die Sonne
*Hidir Çelik*

## *Das Paket des lieben Gottes*

Nehmt eure Stühle und eure Teegläser mit hier hinter an den Ofen und vergesst den Rum nicht. Es ist gut, es warm zu haben, wenn man von der Kälte erzählt.

Manche Leute, vor allem eine gewisse Sorte Männer, die etwas gegen Sentimentalität hat, haben eine starke Aversion gegen Weihnachten. Aber zumindest ein Weihnachten in meinem Leben ist bei mir wirklich in bester Erinnerung. Das war der Weihnachtsabend 1908 in Chicago.

Ich war Anfang November nach Chicago gekommen, und man sagte mir sofort, als ich mich nach der allgemeinen Lage erkundigte, es würde der härteste Winter werden, den diese ohnehin genügend unangenehme Stadt zustande bringen könnte. Als ich fragte, wie es mit den Chancen für einen Kesselschmied stünde, sagte man mir, Kesselschmiede hätten keine Chance, und als ich eine halbwegs mögliche Schlafstelle suchte, war alles zu teuer für mich. Und das erfuhren in diesem Winter 1908 viele in Chicago, aus allen Berufen.

Und der Wind wehte scheußlich vom Michigan-See herüber durch den ganzen Dezember, und gegen Ende des Monats schlossen auch noch eine Reihe großer Fleischpackereien ihren Betrieb und warfen eine ganze Flut von Arbeitslosen auf die kalten Straßen.

Wir trabten die ganzen Tage durch sämtliche Stadtviertel und suchten verzweifelt nach etwas Arbeit und waren froh, wenn wir am Abend in einem winzigen, mit erschöpften Leuten angefüllten Lokal im Schlachthofviertel unterkommen konnten. Dort hatten wir es wenigstens warm und konnten ruhig sitzen. Und wir saßen, so lange es irgend ging, mit einem Glas Whisky, und wir sparten alles den Tag über auf für dieses eine Glas Whisky, in das noch Wärme, Lärm und Kameraden mit einbegriffen waren, all das, was es an Hoffnung für uns noch gab.

Dort saßen wir auch am Weihnachtsabend dieses Jahres, und das Lokal war noch überfüllter als gewöhnlich und der Whisky noch wässeriger und das Publikum noch verzweifelter. Es ist einleuchtend, dass weder das Publikum noch der Wirt in Feststimmung geraten, wenn das ganze Problem der Gäste darin besteht, mit einem Glas eine ganze Nacht auszureichen, und das ganze Problem des Wirtes, diejenigen hinauszubringen, die leere Gläser vor sich stehen hatten.

Aber gegen zehn Uhr kamen zwei, drei Burschen herein, die, der Teufel mochte wissen woher, ein paar Dollars in der Tasche hatten, und die luden, weil es doch eben Weihnachten war und Sentimentalität in der Luft lag, das ganze Publikum ein, ein paar Extragläser zu leeren. Fünf Minuten darauf war das ganze Lokal nicht wiederzuerkennen.

Alle holten sich frischen Whisky (und passten nun ungeheuer genau darauf auf, dass ganz korrekt eingeschenkt wurde), die Tische wurden zusammengerückt, und ein verfroren aussehendes Mädchen wurde gebeten, einen Cakewalk zu tanzen, wobei sämtliche Festteilnehmer mit den Händen den Takt klatschten. Aber was soll ich sagen, der Teufel mochte seine schwarze Hand im Spiel haben, es kam keine rechte Stimmung auf.

Ja, geradezu von Anfang an nahm die Veranstaltung einen direkt bösartigen Charakter an. Ich denke, es war der Zwang, sich beschenken lassen zu müssen, der alle so aufreizte. Die Spender dieser Weihnachtsstimmung wurden nicht mit freundlichen Augen betrachtet. Schon nach den ersten Gläsern des gestifteten Whiskys wurde der Plan gefasst, eine regelrechte Weihnachtsbescherung, sozusagen ein Unternehmen größeren Stils, vorzunehmen.

Da ein Überfluss an Geschenkartikeln nicht vorhanden war, wollte man sich weniger an direkt wertvolle und mehr an solche Geschenke halten, die für die zu Beschenkenden passend waren und vielleicht sogar einen tieferen Sinn ergaben. So schenkten wir dem Wirt einen Kübel mit schmutzigem Schneewasser von draußen, wo es davon gerade genug gab, damit er mit seinem alten Whisky noch ins neue Jahr hinein ausreichte. Dem Kellner schenkten wir eine alte, erbrochene Konservenbüchse, damit er wenigstens ein anständiges Servicestück hätte, und einem zum Lokal gehörigen Mädchen ein schartiges Taschenmesser, damit es wenigstens die Schicht Puder vom vergangenen Jahr abkratzen könnte.

Alle diese Geschenke wurden von den Anwesenden, vielleicht nur die Beschenkten ausgenommen, mit herausforderndem Beifall bedacht. Und dann kam der Hauptspaß.

Es war nämlich unter uns ein Mann, der musste einen schwachen Punkt haben. Er saß jeden Abend da, und Leute, die sich auf dergleichen verstanden, glaubten mit Sicherheit behaupten zu können, dass er, so gleichgültig er sich auch geben mochte, eine gewisse, unüberwindliche Scheu vor allem, was mit der Polizei zusammenhing, haben musste. Aber jeder Mensch konnte sehen, dass er in keiner guten Haut steckte.

Für diesen Mann dachten wir uns etwas ganz Besonderes aus. Aus einem alten Adressbuch rissen wir mit Erlaubnis des Wirtes drei Seiten aus, auf denen lauter Polizeiwachen standen, schlugen sie sorgfältig in eine Zeitung und überreichten das Paket unserm Mann.

Es trat eine große Stille ein, als wir es überreichten. Der Mann nahm zögernd das Paket in die Hand und sah uns mit einem etwas kalkigen Lächeln von unten herauf an. Ich merkte, wie er mit den Fingern das Paket anfühlte, um schon vor dem Öffnen festzustellen, was darin sein könnte. Aber dann machte er es rasch auf.

Und nun geschah etwas sehr merkwürdiges. Der Man nestelte eben an der Schnur, mit der das „Geschenk" verschnürt war, als sein Blick, scheinbar abwesend, auf das Zeitungsblatt fiel, in das die interessanten Adressbuchblätter geschlagen waren. Aber da war sein Blick schon nicht mehr abwesend. Sein ganzer dünner Körper (er war sehr lang) krümmte sich sozusagen um das Zeitungsblatt zusammen, er bückte sein Gesicht tief darauf herunter und las. Niemals, weder vor- noch nachher, habe ich je einen Menschen so lesen sehen. Er verschlang das, was er las, einfach. Und dann schaute er auf. Und wieder hatte ich niemals, weder vor- noch nachher, einen Mann so strahlend schauen sehen wir diesen Mann.

„Da lese ich eben in der Zeitung", sagte er mit einer verrosteten mühsam ruhigen Stimme, die in lächerlichem Gegensatz zu seinem strahlenden Gesicht stand, „dass die ganze Sache einfach schon lang aufgeklärt ist. Jedermann in Ohio weiß, dass ich mit der ganzen Sache nicht das Geringste zu tun hatte." Und dann lachte er.

Und wir alle, die erstaunt dabei standen und etwas ganz anderes erwartet hatten und fast nur begriffen, dass der Mann unter irgendeiner Beschuldigung gestanden und inzwischen, wie er eben aus dem Zeitungsblatt erfahren hatte, rehabilitiert worden war, fingen plötzlich an, aus vollem Halse und fast aus dem Herzen mitzulachen, und dadurch kam ein großer Schwung in unsere Veranstaltung, die gewisse Bitterkeit war überhaupt vergessen, und es wurde ein ausgezeichnetes Weihnachten, das bis zum Morgen dauerte und alle befriedigte.

Und bei dieser allgemeinen Befriedigung spielte es natürlich gar keine Rolle mehr, dass dieses Zeitungsblatt nicht wir ausgesucht hatten, sondern Gott. *Bert Brecht*

GOTT ist ein unaussprechlicher Seufzer
im Grunde der Seele gelegen.
*Jean Paul*

ICH würde mich weigern an einen Gott zu glauben,
den ich verstehen könnte.
*Graham Greene*

Mönche gehen in ein Kloster, um Gott zu finden. Aber Mönche, die im Kloster so leben, als hätten sie Gott gefunden, sind keine richtigen Mönche. Ich kam hierher, um Gott „näher" zu kommen, aber wenn ich jemals glauben würde, ich sei Gott näher als irgendein anderer Mensch, so würde ich mich nur selbst täuschen. Wir sollen Gott suchen, aber wir können Gott nicht finden. Wir können nur von ihm gefunden werden.

*Henri J. M. Nouwen*

## *Dem unbekannten Gott*

Noch einmal, eh' ich weiterziehe
und meine Blicke vorwärts sende,
heb' ich vereinsamt meine Hände
zu Dir empor, zu dem ich fliege,
dem ich in tiefster Herzenstiefe
Altäre feierlich geweiht,
dass allzeit mich deine Stimme wieder riefe.
Darauf erglüht tief eingeschrieben
das Wort: Dem unbekannten Gotte.
Sein bin ich, ob ich in der Frevler Rotte
auch bis zur Stunde bin geblieben:
Sein bin ich und ich fühl' die Schlingen,
die mich im Kampf darniederziehn
und, mag ich fliehn,
mich doch zu seinem Dienste zwingen.
Ich will dich kennen, Unbekannter,
Du tief in meine Seele Greifender,
mein Leben wie ein Sturm Durchschweifender,
du Unfassbarer, mir Verwandter!
Ich will Dich kennen, selbst Dir dienen.

*Friedrich Wilhelm Nietzsche*

## *Von Gott*

Als vor Zeiten der erste bebende Laut über meine Lippen drang,
erklomm ich den heiligen Berg und sprach zu Gott.
Und ich sagte: „Herr ich bin dein Diener.
Dein geheimer Wille ist mein Gesetz, und ich folge dir immerdar."
Aber Gott antwortete nicht.
Er entschwand einem mächtigen Sturme gleich.
Und nach tausend Jahren erklomm ich den heiligen Berg,
und wieder sprach ich zu Gott.
Und ich sagte: „Schöpfer, ich bin dein Geschöpf.
Aus Ton hast du mich geformt, und was ich bin und habe, schulde ich dir."
Aber Gott antwortete nicht.
Er entschwand tausend eiligen Flügeln gleich.
Und nach tausend Jahren erklomm ich den heiligen Berg,
und wieder sprach ich zu Gott.
Und ich sagte: „Vater, ich bin dein Sohn.
Aus Liebe und Erbarmen hast du mich gezeugt,
und in Liebe und Ehrerbietung will ich dein Königreich erben."
Aber Gott antwortete nicht.
Er verschwand wie Dunst in der Ferne.
Und nach tausend Jahren erklomm ich den heiligen Berg,
und wieder sprach ich zu Gott.
Und ich sagte: „Mein Gott, mein Ziel und meine Erfüllung.
Ich bin dein Gestern, und du bist mein Morgen.
Ich bin deine Wurzel in der Erde,
du bist meine Blüte am Firmament,
und gemeinsam wachsen wir vor dem Antlitz der Sonne."
Da neigte sich Gott hernieder und flüsterte süße Worte in mein Ohr.
Und wie der See das Bächlein umfängt, das in ihn mündet, so umfing er mich.
Und als ich in die Weiten und Täler hinabstieg, war Gott auch dort.

*Khalil Gibran*

**I**CH erkenne, auf dass ich glaube.
*Petrus Abaelardus*

**I**CH gründe meine Hoffnung nicht auf einen Vernunftschluss. – Der Flug eines Insekts, das die Luft durchkreuzt, genügt, um mich zu überzeugen; und der Anblick der Landschaft, der Geruch der Luft und ich weiß nicht was für ein Zauber, der mich einhüllt, erhebt meine Gedanken so, dass die unbesiegbare Gewissheit, der Mensch sei unsterblich, mit aller Macht in meiner Seele Einzug hält und von ihr Besitz ergreift.
*Xavier de Maistre*

**G**OTT IST DAS,
*wovon etwas Größeres nicht gedacht werden kann.*
*Anselm von Canterbury*

**H**err
nachdem Du mich
zu Dir geholt hast
von der Wiese
der Lilien
und Mohnblumen
bleibt Dein Licht
auf der Aue
zurück
*Eila Kratz*

## *Beflügelter Tag*

In der Sonne erhellten sich zwei Tiefen – zwei Welten –
Wir waren – in beiden da ... Beflügelt wurde der Tag.

Niemand starb jenes Tages – Niemand lauerte im Schatten ...
Ich besann mich – das weiß ich – des entferntesten Baches.

Du sprachst nicht mit mir, ich erriet deine Worte.
Da erschien er – plötzlich ... Der Eichenwald rauschte.

So – mickrig und klein ... Voll Dornen – die Schläfen.
Im Abseits des Weges – wir beide – wir knieten.

Im Abseits des Weges – in Fluten von Blumen.
Und wir staunten sehr über solch ein Kommen.

Wir verarmten gern – auch unsere Verwunderung.
Und er – schaute und schaute... Das Sein ward zum Wunder ...

Wir verstanden dies alles! – Das es so sein muss!
Das es geht – ohne Himmel! Das es geht – ohne Glück ...

Kleiner werden und kleiner von zu viel an Liebe.
Und es war – eine Antwort, und es gab – keine Frage.

Und von da an hielten wir für immer inne,
Und die Welt gab es wieder ... Und die Zeit floss am Himmel.

Und du hast den Halm der Zeit ergriffen, um ihn in der Hand zu halten,
Und er schaute und schaute ... Voll Dornen – die Schläfen.

*Boleslaw Lesmian*
*(Deutsche Nachdichtung*
*von Halina Nitropisch)*

## Gottes Tochter

Plötzlich hatte Anna genug. Sie hatte einfach genug von der Welt, von den Lügnern, den Betrügern und denen, die sich vor laufenden Kameras im Aufnahmelicht ihres Verantwortungsbewusstseins sonnten und nach Erlöschen der Kamerasignale ins Bordell gingen. Sie wollte nichts mehr hören von Kindern, die in dem Augenblick von zwanzig Minuten ihres Schulwegs entführt und erst tot wieder gefunden wurden, nichts mehr lesen von Frauen, die von Männern oder der Existenzangst um ihre Familie und eigentlich von beidem gezwungen wurden, ihre Seele sterben und ihre Körper verstummen zu lassen. Kein einziges Bild wollte sie mehr sehen von Nachbarn, die ihre Köpfe schütteln, wenn verhungerte Kinder aus Kellerlöchern geholt wurden und schon gar nicht konnte sie mehr zuhören, wie die Mütter der Vergewaltiger sagten, sie hätten immer schon geahnt, dass bei ihrem Jungen etwas nicht stimmt. Nie wieder wollte sie einen Vater anhören müssen, dem ein kleiner Klapps ja wohl nicht geschadet habe, während er keine Zeit hatte, seinen mit einem Lungenriss im Krankenhaus liegenden Stiefsohn zu besuchen. Als eines dieser vielen Worte sie plötzlich in Tränen ausbrechen ließ, fasste sie einen Entschluss. Das war der Moment, als sie von ihrem Vater zum letzten Mal hörte, dass sie merkwürdige Ansichten hätte, der Moment, als sie entschied, dass sie ab heute nur noch mit Gott sprechen wollte, als sie entschied, dass sie ab heute nur noch Gottes Tochter sein wollte.

*Ariela Sager*

## Stoßgebet

Mach doch, Gott,
dass wir dich
nicht mehr brauchen.
*Georg Schwikart*

## *Eine fremde Lehre?*

Im Chinesischen gibt es den Begriff der „fremden Lehre" oder genauer gesagt die Vorstellung von einer Lehre, die einst über das Wasser kam. Damit sind der Buddhismus und das Christentum gemeint. Der Chinese, lebt er nicht außerhalb des Festlandes, ist in der Regel Atheist, zumindest nach außen. Und so ist ihm nicht nur eine religiöse Erfahrung fremd, sondern auch ich bin ihm in dieser Hinsicht auf Dauer ein Fremder.

„Das habt ihr euch alles nur ausgedacht!" meinte einmal vor Jahren eine chinesische Dichterin zu mir, deren Übersetzer ich war und bin. Doch was habe ich mir ausgedacht? Ist da nicht eine Stimme, die zu mir spricht, zu der ich spreche? Warum habe ich diese innere lebenslange Erfahrung einer höheren Begleitung und warum hat sie nicht auch die chinesische Seite? Spricht Gott nicht zu Chinesen, sondern tatsächlich nur zu den „Fremden" (aus chinesischer Sicht)?

Vor Jahren las man auf den Straßen von Bonn zur Warnung vor Ausländerfindlichkeit den Hinweis: Auch Jesus war ein Ausländer. Doch ist damit unserer Sache geholfen?

Glück, so lehrt die Philosophie, gibt es für den Menschen nur im Angesicht einer höheren Macht. Und diese muss selbstverständlich eine andere Macht als die eigene sein. Sie muss uns als fremd erscheinen. Vollkommenheit, so lehrt die Theologie, erlangt der Mensch nicht aus eigener Kraft, sondern nur dadurch, dass Gott sich in ihm verwirklicht. Es ist also auch in diesem Fall, dass der Mensch sich etwas anderem, dem Anderen, etwas Fremdem, dem Fremden verdankt.

Luther sprach von der Selbstverkrümmung des Menschen. Es ist ein Leichtes, den Sozialismus, der meinte, alles, aber auch wirklich alles aus eigener Kraft erreichen zu können, als Werk menschlicher Selbstverkrümmung zu bezeichnen. Doch hilft uns das hier weiter? Nur wenn wir uns dem Fremden öffnen, können wir ganz wir selbst werden und sein. Insofern wäre die „fremde Lehre" eine Lehre für alle und niemand bliebe in ihr auf Dauer dem anderen ein Fremder.

*Wolfgang Kubin*

### *zeit gedehnt*

diese langen minuten
so oft dieses alleinsein
dieses klopfen, wer weiß
wem es gilt? ein klopfen
wie auf trockenes holz
das, sei es aus zufall
halt nicht verbrannt
ist in diesem Sommer

dieses herumgehen
ein summen, wie von insektenschwärmen
ein rauschen, unschuldig
wie von blättern im herbstwind

und diese rotbackigen
äpfel

*Uli Rothfuss*

MEIN Bruder,
wenn ich dich bei mir wusste, dann leuchteten die Blumen in der Farbe des Himmels, das Singen der Vögel füllte den Augenblick bis zum Rand und Wörter in der Farbe des Regenbogens sammelten sich zu wiegendem Reigen.
Damals erzähltest du mir von unserem Vater und maltest ihn für mich immer wieder in Purpurrot, denn im Gegensatz zu mir konntest du dich noch an ihn erinnern. Wenn ich in der Nacht in einer Nussschale auf brausenden Wassern unterwegs war, dann rettete ich mich in deine oder auch seine Arme wie der Sohn, der nach Hause gefunden hat, oder ich träumte mich in das Schaf, dem ihr nachgeht, um es zurückzuholen.
Irgendwann aber drängten sich Schatten zwischen uns – schemenhafte Schatten grauatmender Worte. Dein Kreuz – der Wille unseres Vaters,

um uns in erlösender Liebe begegnen zu können? Das purpurrote Antlitz, das du mir von ihm geschenkt hattest, schwarze Schwaden verschleierten es fortan. Und auch das deine wurde mehr und mehr entstellt. Dein einst so geliebter Mund – aschfarben jetzt seine Lippen und die Worte nun neonkalt: „für immer verloren", „besser nicht geboren", „zu spät". Deine Eifersucht ließ mich erschaudern, wenn du darauf bestandest, als einziger den Weg zum Vater zu kennen – alle anderen aber der ewigen Verdammnis preisgabst.

Dennoch – meine Liebe zu dir war so groß, dass die Angst, mich ohne dich zu verlieren, mir eingab, alle diese Ungeheuerlichkeiten zu glauben, einzig und allein, um in deiner Nähe bleiben zu können. Ich versuchte, deinen umarmenden Worten einen größeren Platz einzuräumen als den zurückweisenden; aber immer wieder wurden sie von denen angegriffen und verdrängt. Die Blumen leuchteten nicht mehr, der Gesang der Vögel verkam zu Hintergrundmusik und die Wörter schritten gesetzt und streng daher.

Als ich merkte, dass ich dem Kampf nicht mehr gewachsen war, gab ich auf. Ich versuchte, dich zu vergessen, machte einen großen Bogen um alles, was mich an dich erinnern konnte. Aber wie eine unauslöschliche Flamme war mir die Sehnsucht nach dir, meinem geliebten Bruder, ins Herz gegeben. Ungewollt wurde sie zu meinem Kompass, dem ich folgte und der mich hin und wieder in Gegenden führt, die mich von allen Fesseln der grauatmenden Worte befreien, sodass die Farben des Himmels wieder leuchten und die Wörter einen Regenbogenreigen tanzen, wenn ich dich in deiner liebenden Nähe für immer bei mir weiß.

*Christel Kehl-Kochanek*

**W**AS oder wer „Gott" ist, vermag gerade der nicht zu definieren, der an ihn glaubt – nur der Ungläubige hat eine Formel für ihn.
*Walter Dirks*

## *Liebeserklärung an einen Bindestrich*

**K**EIN Buchstabe meines Namens
gefällt mir wirklich.
Noch einverstanden bin ich mit dem G
in seinem geheimnisvollen Schwung.
Zu einfach, doch wenigstens rund, das o,
eine Versuchung für alle Romantiker.

Entsetzlich, gleich doppelt, das scharfe t
wie Schwerter der Fundamentalisten: t.

Meine ganze Liebe gilt einzig
in der orthodoxen Schreibweise
meines unaussprechlichen Namens:
dem Bindestrich.

G-tt.
*Klaus Schubert*

## *Geheimnis*

**D**ASS bereits der Wunsch zu beten,
Gebet sei,
daran halte ich mich fest
und an der Vorstellung,
dass da mehr sein muss,
als ich mir vorstellen kann
*Judith Schwikart*

## *Die Worte des Glaubens*

Drei Worte nenn' ich euch, inhaltsschwer,
sie gehen von Munde zu Munde,
doch stammen sie nicht von außen her,
das Herz nur giebt davon Kunde,
dem Menschen ist aller Werth geraubt,
wenn er nicht an die drei Worte glaubt.

Der Mensch ist frei geschaffen, ist frei,
und würd' er in Ketten geboren;
laßt euch nicht irren des Pöbels Geschrei,
nicht den Missbrauch rasender Thoren.
Vor dem Sclaven, wenn er die Kette bricht,
vor dem freien Menschen erzittert nicht.

Und die Tugend, sie ist kein leerer Schall,
der Mensch kann sie üben im Leben;
und sollt' er auch straucheln überall,
er kann nach der göttlichen streben,
und was kein Verstand der Beständigen sieht,
das übet in Einfalt ein kindlich Gemüth.

Und ein Gott ist, ein heiliger Wille lebt,
wie auch der menschliche wanke;
hoch über der Zeit und dem Raume webt
lebendig der höchste Gedanke;
und ob Alles im ewigen Wechsel kreist,
es beharret im Wechsel ein ruhiger Geist.

Die drei Worte behaltet euch, inhaltsschwer,
sie pflanzet von Munde zu Munde;
und stammen sie gleich nicht von außen her,
euer Inneres giebt davon Kunde.
Dem Menschen ist nimmer sein Werth geraubt,
so lang' er noch an die drei Worte glaubt.

*Friedrich Schiller*

**Gott** ist uns näher, als wir uns selber sind.
*Aurelius Augustinus*

## *Über den Begriffen*

Trotz des dämmrigen Lichtes, das durch die schmalen Fenster in die Kapelle fällt, erkenne ich, dass der Boden aus unzähligen bunten, glattgeschliffenen Tonscherben besteht. Sie geben dem Ort etwas Belebendes, Heiteres. Vor dem Altar hängt ein schlichtes Metallkreuz in den Raum hinein. In der Mitte des Kreuzes schimmert ein Tigerauge. „Das Auge Gottes", sage ich leise in deine Richtung. Du nickst stumm. Ich weiß, dass dir solche Orte fremd sind. Schweigend stehen wir eine Weile vor dem Kreuz.
Als wir später nach draußen treten, ist es fast dunkel. Die Spätseptemberluft ist kühl und würzig. Wir setzten unseren Weg fort. In der vor uns liegenden Ortschaft werden wir ein Quartier für die Nacht suchen. Die Lichter der Häuser blitzen vor dem gewaltigen Bergmassiv, dessen Konturen wir nur noch erahnen können.
Plötzlich bleibst du unwillkürlich stehen und machst eine unbestimmte Handbewegung. Du deutest in Richtung Himmel, vielleicht auch in Richtung Berge und drehst dich dabei einmal um dich selbst, als wolltest du etwas vervollständigen, das man nur mit dieser Gestik tun kann. Langsam lässt du den Arm wieder sinken und siehst mich fragend an. Ich kann dir auch keine Antwort geben, denke ich.
Du beginnst wieder zu laufen. Wir erreichen die ersten Häuser des Dorfes. Ein Hund rennt uns bellend entgegen.
Es dauert lange, bis wir ein Quartier finden.
„Manche Dinge stehen eben über unseren Begriffen", sage ich vor dem Zubettgehen. Um deinen Mund legt sich eine kleine Falte, die ein Lächeln andeutet. Ich lösche das Licht. In den frühen Morgenstunden schlafen wir ein.

*Adrienne Brehmer*

> AN EINEN GOTT GLAUBEN heißt,
> die Frage nach dem Sinn des Lebens verstehen.
> An einen Gott glauben heißt sehen, dass es
> mit den Tatsachen der Welt noch nicht abgetan ist.
> An einen Gott glauben heißt sehen,
> dass das Leben einen Sinn hat.
> *Ludwig Wittgenstein*

## *Offene Fragen*

ALS meine Kinder klein waren, mochten sie die Geschichten aus der Kinderbibel. Die von Josef, der nach Ägypten verkauft wird, hatten sie gerne, auch die Weihnachtsgeschichte. Doch mit besonderer Vorliebe suchten sie die Erzählung von Passion und Ostern heraus – vielleicht, weil sie die meisten Seiten umfasste und so am Abend etwas länger vorgelesen wurde.

Die Chronologie der Ereignisse ist ja bekannt: Abendmahl, Kreuzigung, Grablegung, Auferstehung. Vielleicht ein Dutzend Mal hatten die Kinder die Geschichte schweigend angehört. Doch eines Abends sagt die fünfjährige Theresia, als wir bei der Erscheinung des Auferstandenen angekommen sind: „Der Jesus war doch eben noch tot!"

„Ja", versuche ich auf sie einzugehen: „aber Gott hat ihn wieder lebendig gemacht."

Ich sehe ihrem skeptischen Blick an, dass sie sich mit meiner Antwort nicht zufrieden gibt. Plötzlich huscht ein Lächeln über ihr Gesicht: „Ach, ich weiß", lacht sie, „das ist gar keine echte Geschichte." Echt bedeutet für mein kleines Mädchen, was wirklich passiert ist oder wirklich passieren könnte. Denn sie weiß schon, es gibt auch totale Fiktion wie etwa Lebkuchenhäuser oder sprechende Tiere. Nicht etwa, dass sie solche Geschichten weniger gern hat, aber sie unterscheidet.

Ich schüttle sachte den Kopf: „Doch, das ist echt. Jesus ist getötet worden, aber er lebt wieder. Gott hat das gemacht."

„Und wie hat Gott das gemacht?" Theresia zieht das ‚wie' betont in die Länge.

„Das weiß ich auch nicht."

Unser Gespräch wird durch Lukas unterbrochen. Der dreijährige Knirps drängt, ich solle endlich weiterlesen. Es folgen noch Lied und Gute-Nacht-Kuss, dann wird das Licht ausgeschaltet.

Meine Tochter wird die Frage der Auferstehung Jesu wohl schon wieder vergessen haben. Was soll ich mit dem Kind auch theologische Diskussionen über das Wann, Wo, Wie, Warum, Wozu der Auferweckung führen? Ich weiß es ja alles selbst nicht. Ich nehme nicht vorschnell Zuflucht zur Mystik als Antwort auf alle Glaubensfragen. Mein Glaube schwankt doch zwischen Zweifel und Vertrauen.

Für einen Augenblick will ich mein Kind bedauern. „Arme Theresia", denke ich, „du stellst jetzt schon Fragen, die dich ein Leben lang begleiten werden." Aber was ist eigentlich schlimm daran? Die Frage der Auferstehung wird erst am Jüngsten Tag überzeugend geklärt werden. Bis dahin bleiben eben Fragen. Ohne Antworten zu leben, ist möglich. Ohne Fragen zu stellen, nicht.

*Georg Schwikart*

W ENN dir der Gedanke kommt, dass alles, was du über Gott gedacht hast, verkehrt ist und dass es keinen Gott gibt, so gerate darüber nicht in Bestürzung. Es geht allen so. Glaube aber nicht, dass dein Unglaube daher rührt, dass es keinen Gott gibt. Wenn du nicht mehr an den Gott glaubst, an den du früher glaubtest, so rührt das daher, dass in deinem Glauben etwas verkehrt war, und du musst dich bemühen, besser zu begreifen, was du Gott nennst. Wenn ein Wilder an einen hölzernen Gott zu glauben aufhört, heißt das nicht, dass es keinen Gott gibt, sondern nur, dass er nicht aus Holz ist.

*Leo Tolstoi*

## *Wegbegleiter*

Gewissheiten verflüchtigen sich,
Sicherheiten brechen weg,
Vertrautes verblasst.
Als einziges bleibt,
woran ich am meisten gezweifelt habe:
deine Gegenwart in meiner Existenz.

## Lied der Chassidim

**W**o ich gehe – du!
Wo ich stehe – du!
Nur du, wieder du, immer du!
Du, du, du!

Wenn's mir gut geht – du!
Wenn's weh mir tut – du!
Nur du, wieder du, immer du!
Du, du, du!

Himmel – du, Erde – du,
Oben – du, unten – du.
Wohin ich mich wende,
an jedem Ende:
Nur du, wieder du, immer du!
Du, du, du!
      *Aus dem Judentum*


**I**ch suchte meinen Glauben und fand ihn nicht.
Ich suchte meinen Gott und fand ihn nicht.
Ich suchte meinen Nächsten und fand alle drei.
      *Verfasser unbekannt*

**ERBARME** dich
unser. Erbarme dich
unseres Strebens,
dass wir
vor dir,
in Liebe und Glauben,
Gerechtigkeit und Demut
dir folgen mögen,
in Selbstzucht und Treue und Mut
und in Stille
dir begegnen.

Gib uns
reinen Geist,
damit wir dich sehen,
demütigen Geist,
damit wir dich hören,
liebenden Geist,
damit wir dir dienen,
gläubigen Geist,
damit wir dich leben.
Du,
den ich nicht kenne,
dem ich doch zugehöre.
Du,
den ich nicht verstehe,
der dennoch mich weihte
meinem Geschick.
Du –
    *Dag Hammarskjöld*

> **Gott** ist so groß, dass er es wohl wert ist,
> ihn ein Leben lang zu suchen.
> *Teresa von Avila*

In meinem Halbjahreszeugnis der Klasse Untertertia stand es schwarz auf weiß: „Juliane kann keine Autoritäten akzeptieren!" Ja, wirklich: mit Ausrufezeichen. Die Schwestern des katholischen Mädchengymnasiums hatten es offensichtlich nicht leicht mit mir. Nicht, dass ich stolz darauf wäre. Niemand hat oder hatte es je leicht mit mir. Noch nicht mal Gott. Der schon gar nicht.

Als sehr katholisch erzogenem Mädchen, dessen Vater eigentlich Priester werden wollte und tragischerweise durch die Zeugung selbigen Mädchens von der Erfüllung seines Berufswunsches abgehalten wurde, sollte die Kirche mir zur zweiten Heimat werden. Sollte – aber ich wollte nicht. Ich kann nicht etwas, das der Freiwilligkeit des Geistes unterliegt, unter Zwang tun. Ich kann nicht glauben, weil ein anderer es mir befiehlt. Ich wandte mich ab und schaute mich woanders um.

Immer wieder stieß ich auf Autoritäten. Meistens Selbsternannte. Gurus, im Vollbesitz der allein seligmachenden Wahrheit, deren noch unscheinbarsten Äußerungen von einer enthusiastischen Entourage als Offenbarung beklatscht wurde. Da reichte ein Satz wie „heute hat es geregnet", um Begeisterung zu wecken. Auch andere Autoritäten, die ich während meines Lebens kennenlernen durfte, haben häufig nicht das gehalten, was man von einer wirklichen Kapazität des entsprechenden Fachbereiches erwarten können sollte. Dazu zählten nicht wenige Politiker und Mediziner. Auch da geht es bekanntlich um Heilsversprechen.

Ich fand das Leben öde und mühsam und forderte es immer wieder heraus. Ich manövrierte mich in mehr als eine lebensbedrohliche Situation. Aus Langeweile, Trotz, Frust und auf Teufel komm raus. Einmal

trieb ich es definitiv zu weit. Gevatter Tod lugte quasi schon um die Ecke. Alles, was mir blieb, war, ein Stoßgebet nach oben zu schicken. Es wurde erhört. Der Kontakt wiederhergestellt.
Seitdem habe ich ihn auch nie mehr ganz abreißen lassen. Er hat's mir oft gezeigt, besonders in schlimm bedrohlichen Situationen, in die ich ohne Verschulden (und wenn doch, dann nur ein klitzekleines) geriet. Dass er da ist und seine Helfer so flott eingreifen lässt, dass es längst nicht mehr mit rechten Dingen zugehen kann. Ich freue mich jedes Mal wie ein Kind und bin dankbar wie ein Kind. Und so soll es auch bleiben. Mit dieser Autorität habe ich nämlich absolut kein Problem.
*Juliane Werding*


## *Verloren die Geheimnisse*

Die Visionen
Den Kelch trank ich
Gegangen und gegangen
Den Garten fand ich nicht
Ich bin müde, Herr
Ich lege mich schlafen
Im Schatten deines Angesichts
*Giorgos Krommidas*

**W**o bist Du, Gott, wer bist Du? Ich musste zu vergessen suchen, wie Du mir von Eltern, Lehrern, Priestern und in der Literatur vorgestellt worden warst.

Aber es war gut und wichtig, dass sie Dich nannten und meinten. Auch ich tue in gewisser Weise nichts anderes aus der Sicht der anderen. Nüchtern, wie es einem Techniker entspricht, sage ich: aus dem Mehrwert der Niederlage entsprang die Initialzündung für unser Gespräch. Der Tiefpunkt erschrie sich den Höhepunkt. Der lässt sich zwar nicht herbeizitieren, aber man bekommt eine leise Ahnung von der Amplitude der Schwingungen des Geistes. Es bleibt – zu Lebzeiten – nur bei dieser Ahnung, die aber gewiss genug ist, um nie mehr zweifeln zu müssen. Diese Gewissheit ist mehr als nur kindliches Urvertrauen, weil sie belebt ist und wächst und bei aller Suche versucht, zurückzugeben aus erwachsener Mündigkeit. Das Fragen trat in den Hintergrund. Und später einmal wird das Preisen weder exaltiert noch langweilig sein.

Und seien es nur vorläufige Wahrheiten und manchmal trügerische Gewissheiten der getrübten Anschauung im noch verstellten Blick, so sind sie doch Boten der Gewissheit in der Wahrheit. Wo ich Dich treffe? Wo Du mich triffst? Inzwischen ist es tatsächlich unabhängig geworden von Raum, Zeit und Umständen. *Du bist.* Das spüre ich, wie ich mein Leben spüre. Ich vertraue Dir. Nicht einmal Gutes muss ich tun. Von alledem bist Du und Dein Dasein unabhängig.

Aber was sind wir? Deine Tragödie, Dein Triumph? Du hast uns Freiheit, wenn auch eine bedingte, verliehen, Gutes, Böses zu tun, Dich zu verleugnen, zu bestätigen. Du wächst mit uns, in uns. Wir können Dich abwürgen, Dich bestätigen – bewusst oder unwissend. Dein Gegenüber, Dein Widerpart, Dein Spiel, Deine Aufgabe, Dein Schmerz, Deine Vollendung im Stoff – wer sind wir?

*Ludwig Verbeek*

### *Jubelrufe*

Die Hoffnung besiegt
die Wirklichkeit:
immer noch
singen manche
Halleluja!
Das gefällt mir an dir, Gott:
Auch wenn ich nicht
an dich glaube,
verbietest du mir
das Beten nicht.
Hallelunein!
*Georg Schwikart*

Bei Frau Stab schaute ich oft herein, sie führte ein kleines Lädchen auf der Unterratherstraße, Schulartikel und so. Wir schrieben das Jahr 1944, Krieg, Alarm, Bombenangriffe. Keine Nacht Ruhe. Wieder heulten die Sirenen, alle Hausbewohner versammelten sich im Keller, dann wurde die so genannte Luftschutztüre verriegelt, Stille. Nun hieß es warten, warten auf Entwarnung. Ein schlimmer Luftangriff nahm seinen Anfang. Wir Kinder, acht an der Zahl, kauerten am Boden, über uns die Mütter, Arme und Wolldecken ausgebreitet, wie eine Henne ihre Küken unter ihre Flügel nimmt.

Nach solch einer Nacht voller Angst und Schrecken zogen wir am nächsten Abend in die nahe gelegene Schule. Auf mein Drängen hin machten Mutter und ich uns auf den Weg wie so viele andere Menschen auch, eine graue, schweigende Prozession. Das Bild dieser Szene grub sich in mein Herz. Dem Voralarm folgte sogleich akuter Vollalarm und schon ging das Inferno los. Großangriff auf Düsseldorf. Die Erde bebte, es rollte, grollte und krachte, ebbte ab und kam mit voller Kraft zurück. Die Menschen waren stumm.

„Warum beten sie nicht?", dachte ich. In das Schweigen hinein kamen die Worte wie von selbst aus meinem Mund: „Vater unser im Himmel,

geheiligt werde dein Name". Das Gebet des Herrn, es breitete sich aus, wellenförmig gegen das Unheimliche. Immer wieder „Vater unser, geheiligt werde dein Name", alle, die im Keller der Schule Schutz gesucht hatten, beteten mit. Plötzlich Stille, die durch nachfolgende Explosionen durchbrochen wurde. Entwarnung, die Nacht war feuerhell, als wir nach Hause zogen. In mir, einem Kind von zehn Jahren, die Gewissheit: Dir passiert nichts, du kommst nicht ums Leben.
Nie vergesse ich den nächsten Besuch bei Frau Stab. Ihr Laden war verschont geblieben. Sie nahm mich bei der Schulter und sagte zu einer Kundin: „Hier sehen Sie, das ist das Kind, das in der schlimmen Nacht mit uns gebetet hat".

*Rosemarie Hochschuh*

## *Morgengebet*

O WUNDERBARES, tiefes Schweigen,
wie einsam ist's noch auf der Welt!
Die Wälder nur sich leise neigen,
als ging' der Herr durchs stille Feld.
Ich fühl mich recht wie neu geschaffen,
wo ist die Sorge nun und Not?
Was mich noch gestern wollt erschlaffen,
ich schäm mich des im Morgenrot.
Die Welt mit ihrem Gram und Glücke
will ich, ein Pilger, frohbereit
betreten nur wie eine Brücke
zu dir, Herr, übern Strom der Zeit.
Und buhlt mein Lied, auf Weltgunst lauernd,
um schnöden Sold der Eitelkeit:
Zerschlag mein Saitenspiel, und schauernd
schweig ich vor dir in Ewigkeit.

*Joseph von Eichendorff*

## *Grüß Gott!*

„Grüss Gott!" Die Verkäuferin im heimatlichen Bremer Bäckerladen blickt mich irritiert bis mitleidig an. Selbstbewusst schaue ich zurück. Vor acht Jahren spielte sich die Szene mit umgekehrten Vorzeichen ab. „Moin Moin" warf ich lässig in München der Bäckersfrau entgegen. Ihre Augen fragten anklagend, woher ich die Dreistigkeit besitzen würde, so fremdsprachig zu grüßen. Ich teilte das Schicksal mit den vielen „Zuagroastn" in Bayern.

Inzwischen bekenne ich, ich kann nicht anders: Dieses „Grüß Gott" ist mir mit den Jahren ans Herz gewachsen. In diesem Punkt habe ich mich gerne bajuwarisieren lassen. Auch wenn mir das „R" noch immer nicht so charmant über die Zunge rollen will wie den Einheimischen. Auch wenn ich unter meinen norddeutschen Landsleuten als verbaler Verräter gelten sollte. Kann es eine unaufdringlichere Alltagsfrömmigkeit, kann es einen schöneren und sinnvolleren Gruß geben als „Grüß Gott"?

„ ... wenn ich ihn seh'!": Diese vermeintlich originelle Entgegnung entlockt mir nicht mal mehr ein müdes Lächeln, genauso wenig wie: „ ... hoffentlich nicht bald". Denn „Grüß Gott" – das ist keine Aufforderung, sondern die Kurzform von „Es grüßt dich Gott". Noch mehr habe ich gelernt: „Grüßen" bedeutet ursprünglich auch „segnen". Mit jeder Begrüßung segnet man sein Gegenüber, die Bäckersfrau und den Postbeamten, den Passanten und die Geschäftspartnerin, die Kollegin und den Kontrahenten, die eigenen Kinder wie die Eltern. Jeder Begegnung, sei sie vertraut oder fremd, flüchtig oder intensiv – steht ein Segenswort voran: Gott grüßt dich, Gott segnet dich.

Nur beim Abschied, da bleibe ich meinen Wurzeln treu. Da müssen die Bayern ein herbes, als preußisch verschrieenes „Tschüss" ertragen. Bisweilen gebe ich mich der Fantasie hin, dass sich dieses Abschiedswort auch im Süden einbürgert. Und überlege, wie ich den Menschen meiner Wahlheimat am schlauesten erklären kann, dass „Tschüss" in Sachen beiläufiger Frömmigkeit das „Grüß Gott" gewissermaßen sogar übertrumpft. Ist es doch aus dem französischen Gruß „A Dieu" entstanden. Was wiederum nichts anderes bedeutet als „Gott befohlen".

*Uwe Birnstein*

**W**ENN die Zeit nicht mehr reicht
und der Weg noch so weit
und das Ziel nicht in Sicht:
Verzage nicht.

Wenn die Kraft dich verlässt
und dich keiner vermisst
und im Dunkeln kein Licht:
Verzage nicht.

Wenn die Hoffnung dir fehlt
wenn dich irgendwas quält
wenn der Schmerz dich fast bricht:
Verzage nicht.

Wenn der Verstand wie verbrannt
vom Gefühl überrannt,
hör dein Herz wie es spricht:
Verzage nicht.

*Micha Hodapp*

**S**prich nun von Gott. Ich werde dich verstehen.
Dein langer Blick in meinem – dies Ruhn ist Gott.
Dich umschließen, ohne den trennenden Zwist der Worte.
Hingabe, rein, heiß, ohne Schranke.
Unaussprechliches Vertrauen – dies ist Gott.
Er liebt wie wir den jungen Tag, des Mittags Scheitelpunkt.
Er liebt die Nacht und scheint wie wir im Vorhof erst der Liebe …
Kein andres Lied vonnöten als das seiner Liebe.
Seufzen … Schluchzen und wieder Seufzen.
So wird es gesungen.
Die Vollendung der reifen Rose, ehe das erste Blatt,
das fällt, den Kelch zerbricht.
Göttliche Gewissheit: der Tod ist Lüge.
Ja, jetzt begreife ich Gott.

*Gabriela Mistral*

**W**o bist Du,
ich suche Dich,
Deine Nähe,
Deinen Halt,
ich erfriere in der Hektik des Tages,
den funktionalen Gesprächen,
der Reduktion auf meine Leistungsbereitschaft,
ich sehne mich nach einem guten Wort,
einem Zeichen,
dass Du mich siehst,
wenn es Dich gibt,
zeige Dich,
lass mich spüren,
dass Du bei mir bist,
fülle Du meine innere Leere,
schau auf mein Hoffen und Flehen,
höre mein Rufen.
*Michael Vogt*

### *Weite*

**M**ANCHMAL weiß ich nicht mehr,
wohin das alles führt
mit Dir
mit mir,
weit, unendlich, wunderschön;
wird mir schwindelig
vor lauter Weite,
endlos Strand
nach rauer See
ruhig
bei Dir gelandet.
Ich weiß nur,
dass wir gemeinsam gehen.
*Jochen Jülicher*

**N**ichts verwirre dich, nichts ängstige dich, alles geht vorbei, von Gott kann man nicht ablassen, mit Geduld kann man alles erreichen. Wer Gott hat, dem fehlt nichts. Allein Gott. Basta
*Teresa von Avila*

### *Die schalen Worte*

G<small>EBETE</small> gerattert,
Litaneien geleiert,
die Worte der Bibel gehört
und schon vergessen.
Ewig gleiche Lieder,
wieder einmal komme ich
vor lauter Text nicht zum Beten.
Mach mich leer,
damit du mich füllen kannst
mit dir,
Gott. *Georg Schwikart*

### *Herbst*

D<small>IE</small> Blätter fallen, fallen wie von weit,
als welkten in den Himmeln ferne Gärten;
sie fallen mit verneinender Gebärde.

Und in den Nächten fällt die schwere Erde
aus allen Sternen in die Einsamkeit.

Wir alle fallen. Diese Hand da fällt.
Und sieh dir andre an: es ist in allen.

Und doch ist Einer, welcher dieses Fallen
unendlich sanft in seinen Händen hält.
*Rainer Maria Rilke*

**Du** bist ein Gedanke Gottes, du bist ein Herzschlag Gottes. Das zu sagen bedeutet, dass du in gewissem Sinne einen unendlichen Wert hast und dass du für Gott in deiner unwiederholbaren Individualität so viel bedeutest. *Johannes Paul II.*

**Ein** großes Stück des Wegs
bin ich gegangen.
Wer weiß, wie viel noch bleibt zu geh'n.
Wie oft schon glaubte ich zu irren.
Wie oft schon blieb ich zaudernd steh'n.

Weiß ich denn wirklich,
wenn ich auf dem Wege,
ob's meiner ist, den ich da geh?
Ich schau hinaus, im Traum, im Wachen –
so viele Wege ich da seh!

Der meine,
bleibt er bis zuletzt verborgen?
Ich weiß nur eins: Ich will zu mir.
Die, die ich bin, die möcht' ich werden.
Nur dann, mein Gott, find ich zu dir.

*Christel Kehl-Kochanek*

## *Credo*

**Ich** kann Gott
nicht berechnen
aber ich rechne
mit ihm.
Nicht ich
habe ihn
erfunden, er
fand mich.

*Siegfried Macht*

Weil du mich gesehen hast, glaubst du.
Selig sind, die nicht sehen und doch glauben.
*Evangelium nach Johannes, Kapitel 20, Vers 29*

## *Mehr als die Parole einer Talkshow: Alles wird gut*

Heilige Rührung überkam mich, wenn ich als Kind zur Kommunionbank trat und dabei das Lied gespielt wurde: „Beim letzten Abendmahle / die Nacht vor seinem Tod / nahm Jesus dort im Saale / Gott dankend Wein und Brot." Die Tränen musste ich zurückhalten, das Herz wollte zerspringen. Alle schienen in diesen Minuten ergriffen zu sein, auch die Erwachsenen; ehrfürchtig, ja, demütig näherten wir uns dem Empfang der gewandelten Hostie. War diese erst einmal im Mund, schien sich – obwohl die Oblate eigentlich nach nichts schmeckte – von dort aus der Himmel strahlend auszubreiten. Die Nöte eines Kinderlebens, vom Ärger in der Schule über Streit mit dem Bruder bis zu Rivalitäten unter Freunden, verloren ihre Schrecken und für einen Augenblick überkam mich die Gewissheit: Alles wird gut!

Diese glückseligen Zeiten liegen Jahrzehnte zurück. Aus dem Paradies der Kindheit vertrieben, dem Paradies des geschlossenen Weltbildes, habe ich in der Zwischenzeit in meinem Leben persönlich das erfahren, was die westliche Welt in den vergangenen gut zweihundert Jahren als Ganzes vollzog: die Aufklärung. Die religiösen Grundfesten kamen nach und nach auf den Prüfstand, wurden gewogen und für zu leicht befunden. Fort damit auf den Kehrichthaufen der eigenen Geschichte. Emotionale Bedürfnisse aber blieben unbefriedigt und verlangten nach Stillung. Ohne Glauben kühlte meine Welt aus. Der Himmel war entvölkert; das Vakuum schien einen Sog ins Nichts auszuüben. Ganz normale Alltagsprobleme bauschten sich zu existentiellen Krisen auf: Sollte dieses irdische Leben alles sein, dann wären die meisten von uns ganz schön angeschmiert vom Schicksal – von der trüben Tatsache, in Zeit und Raum geboren zu sein, zu leben und zu sterben.

Das Wissen um seine Endlichkeit unterscheidet den Homo sapiens vom Tier (nehmen wir jedenfalls an). Dieses Wissen erzeugt Angst; der

Gedanke, dass schon morgen alles vorbei sein kann, destabilisiert bereits das Heute. Religion reduziert diese Angst. Bei 400.000 Jahre alten Knochenresten fanden Archäologen eine geschliffene Steinaxt; möglicherweise hatten unsere Vorfahren sie einem Toten als Grabbeigabe mitgegeben, was auf eine Jenseitsvorstellung schließen lässt.

Was aber erwartete den Verstorbenen? Ein Fortleben in einer jenseitigen Welt, womöglich gar besser ausgestattet als die diesseitige? Durch ewige Jagdgründe zu streifen? Blühende Gärten, großäugige Jungfrauen, golddurchwirkte Kissen und üppige Speisen? Oder ein Weltgericht, das alle Taten abwägt und die schuldig Gesprochenen dem Feuer einer Hölle übergibt? Oder ein Vater, der zum Empfang liebevoll die Arme ausbreitet?

Gesetzt den Fall, es gäbe diesen Vater – Gott –, so fielen überdies solche Fragen ins Gewicht: Wie kann ein Liebender und Allmächtiger das Leid der Geschöpfe zulassen? Getötete, gequälte, leidende, hungernde Kinder, Frauen, Männer; zerstörte Lebensgrundlagen ... eine Litanei der Schrecken, die kein Ende nimmt.

Wer Gott voraussetzt, muss ihn mit Eigenschaften ausstatten. Das nennt man „Theologie betreiben". Wer dies unternimmt, fängt nicht bei Null an, sondern findet eine Vielfalt an vorgegebenen Ansichten vor. Der Mensch ist ja nicht nur zoologisch ein Nesthocker, sondern auch metaphysisch. Wir können nicht von Anfang an eigene Weltbilder entwerfen; wir brauchen Anleitung und Einführung in vorhandene Schemata, um sie schließlich umstürzen zu können. So wurde die Kritik zum Dogma, dem sich alles stellen muss. Was aber bleibt?

Es bleibt die Angst. Die Angst, im Leben zu kurz zu kommen, nicht genug Liebe und Glück zu erhaschen. Als Kind kannte ich diese Angst kaum. Der Gott, den man mir damals verkündete, war ausschließlich gut. Welche Gnade, dass die Seelsorger meiner Heimatgemeinde aufgeschlossene Männer waren, vom 2. Vatikanischen Konzil beflügelt. Noch wichtiger fiel jedoch die Rolle meiner Mutter aus, einer kämpferischen und humorvollen Frau, die mir das Gefühl mitgab, auf diesem Planeten willkommen zu sein: meine erste und einflussreichste Priesterin der Göttin Leben.

Mit einem solchen Glauben hätte es sich vielleicht aushalten lassen. Doch mit zunehmendem Alter verkomplizierten sich die Dinge. Die simplen Aussagen über einen guten Gott differenzierten sich durch den Einfluss der Kirche. Am Ende stand ich einem hochkomplexen System gegenüber, welches versuchte, die Botschaften der Bibel, die Bürde der traditionellen Theologie zweier Jahrtausende und die Realität der Gegenwart unter einen Hut zu bringen. Mein Verstand versagte diesem System die Gefolgschaft, mein Herz bejahte sie jedoch, um der Geborgenheit im warmen Schoß von Mutter Kirche willen. Damit es unter ihrem Dach keine Tumulte gibt, fordert sie Anpassung. Sie weist einen sicheren Platz zu, erwartet dafür jedoch Unterwerfung. Wer sich als störrisch erweist, muss auch schon mal gebrochen werden.
„Wir sind zur Freiheit berufen!", frohlockte der Heilige Paulus einst und meinte damit wohl auch die Überwindung enger Religionsgesetze. „Wir sind zur Freiheit verurteilt!", stellte Jean Paul Sartre fest, und drückte damit die Not unserer Epoche aus: Alle Selbstverständlichkeiten haben sich in Luft aufgelöst. Was wir auch denken oder tun oder nicht denken oder nicht tun, wir müssen es selbst begründen, selbst entscheiden, selbst in Frage stellen. Fluch der Freiheit? Religiöse Systeme setzen auf Überwindung der Individualität. Als große soziale Einheiten müssen alle Religionen bestimmen, wer dazu gehört und wer nicht. Die Grenzen mögen variieren, doch allen ist das Bemühen gleich, die Glaubensinhalte zu definieren und Verhaltensregeln aufzustellen. Diese reichen von Vorschriften für die korrekte Methode der Anbetung, über Speisegesetze, bis zu Einschränkungen für soziale Kontakte, Sexualität und Partnerwahl.
Die eigentliche Leistung der Religion ist die Schaffung einer gemeinsamen, alle verbindenden Identifikation. Menschen, die das Gleiche erlebt haben, können sich über das Erlebte als Einheit verstehen, seien es nun die Fans einer Popgruppe, die auf der ganzen Welt die Hits und Biographien ihrer Stars kennen, oder die Gläubigen einer Weltreligion. Religion gelingt es über das Erzählen der heiligen Stoffe, Menschen aus allen Schichten, in verschiedenen Ländern und sogar unterschiedlichen Zeiten zu vereinen: Bei den Juden weiß jeder, wie das war, als

die Vorfahren aus Ägypten befreit wurden. Die Buddhisten fasziniert die Lebenswende des Siddharta Gautama heute nicht weniger als vor tausend Jahren. Mohammed als prophetisches Vorbild ist seinen Anhängern zeitlos ein Ansporn, ihn nachzuahmen.

Natürlich ist es grob vereinfachend, von „dem" Judentum, „dem" Christentum oder „dem" Islam zu sprechen. Alle Religionen sind in Konfessionen, Schulen, Richtungen zersplittert. Alle haben eine wechselvolle Geschichte. Je nach Umwelt haben sie ein anderes Gesicht; Religionen prägen das gesellschaftliche System, in dem sie sich entfalten, aber sie werden auch von ihm geprägt. Wer sich bemüht, genauer hinzuschauen, der stellt fest, dass die entscheidende Trennungslinie nicht zwischen den Religionen verläuft, sondern durch jede von ihnen hindurch. Ein Teil der Gläubigen will bewahren, der andere voranschreiten. Die einen klammern sich an ein heiliges Buch, die anderen interpretieren den Glauben symbolisch. Eine Zerrissenheit, die im Grunde schon jeder Einzelne in sich trägt, gleichsam dauerhaft pubertierend: Man will Fürsorge und Sicherheit und rebelliert zugleich gegen den warmen Mief im Elternhaus, weil man sich nach dem sehnt, was man als „Freiheit" und „Selbstbestimmung" versteht. Aber draußen im Freien bekommt man rasch kalte Füße …

So ergeht es auch mit vielen Inhalten der Verkündigung. Freilich, die christliche Religion scheint bei uns niemanden mehr aufzuregen. Die Mutter, in deren Schoß man sich einst geborgen fühlte und mit der man Konflikte ausfocht, ist zur Greisin geworden, die man nicht mehr ernst nimmt. (Man gaukelt es ihr nur vor, während man sie besucht, damit sie sich nicht unnötig aufregt.) Die katholische Kirche beispielsweise stellt sich mit dem Ausschluss der Frauen vom kirchlichen Amt, mit der Verdammung von Verhütungsmitteln auch angesichts sich ausbreitender Infektionskrankheiten und mit ihrer Ablehnung der Scheidung einigen Errungenschaften unserer westlichen Kultur diametral entgegen.

Offensichtlich schadet das nicht ihrer Beliebtheit: Der Weltjugendtag in Deutschland mit seinem grandios inszenierten Höhepunkt des Papstbesuchs zog Menschen aus der ganzen Welt in seinen Bann, auch die eher zurückhaltenden Deutschen. Da flackerte die Hoffnung auf, eine moralische Instanz wie die Kirche könne die verirrten Völker einen und durch die Wirren der Zeit führen. Aber mit dem Schlusssegen am Ende des Events schien sich der sentimentale Verschmelzungswille auch schon wieder zu verflüchtigen.

Man hat sich eben in der Fremde eingerichtet, zelebriert das Verstoßensein in die existentialistische Gottesferne. Wir wissen, dass es Religion gibt, wie wir auch wissen, dass reiche Leute Schlösser bewohnen: Parallelwelten, die mit dem Leben des Durchschnittsbürgers keine Berührungspunkte aufweisen. Wenn wir dann Notiz nehmen von Gläubigen, die ihren Glauben ernster nehmen als wir, dünkt uns das befremdlich. Wie können christliche Fundamentalisten eine wissenschaftliche Tatsache wie die Evolution leugnen oder Ärzte ermorden, die Abtreibungen vornehmen? Wie können Muslime aufgrund ihres Glaubens zum Mord aufrufen, nur wegen einer Passage in einem Roman oder wegen Karikaturen in einer dänischen Zeitung? Wie kann, andererseits, ein junger Mensch Ehe und Familie ausschlagen und stattdessen Mönch oder Nonne werden, wo es doch auch ohne einen solchen Verzicht möglich wäre, sich zum Beispiel der Menschen am Rande der Gesellschaft anzunehmen?

Religion kann Menschen dazu bewegen, etwas zu vollbringen, was sie ohne Religion nicht gewagt hätten und umgekehrt, etwas bleiben zu lassen, was sie ohne Religion getan hätten. Warum jedoch werden in fortschrittlichen Gesellschaften nur noch so wenige von dieser Macht ergriffen?

Die Religionskritiker vergangener Zeiten mutmaßten, Religion sei ein Instrument der herrschenden Klasse, um jene zu unterdrücken, die Mangel litten; Religion stelle sie ruhig mit der Verheißung einer angemessenen Entschädigung im Jenseits. Doch diese These läuft inzwischen ins Leere. In Westeuropa ziehen keine elenden Massen in den Sonntagsgottesdienst, sondern Restexemplare aus dem Mittelstand. Leute mit geringer Bildung und niedrigem Einkommen sind den Kirchen praktisch abhanden gekommen; auch Studierte bleiben ihr fern.

„Woher kommen wir? Wohin gehen wir?" – Wie verhält man sich zu diesen Existenzfragen der Philosophie, wenn die religiösen Institutionen nicht genutzt werden? Einerseits mag sich der Großteil der Bevölkerung mit der durchschnittlichen Lebenserwartung im westlichen Wohlstand zufrieden geben und keine darüber hinausgehenden Ansprüche stellen. Andererseits finden Okkultismus und Esoterik regen Zulauf – Supermärkte einer boomenden Ersatzreligiosität, die eine reiche Auswahl an Pfaden zur Erleuchtung offerieren. Früher einmal galten Engel als die Boten Gottes. Heute ist zwar der „Chef" abgesetzt, seine Diener sollen jedoch rund um die Uhr als magische und dekorative Glücksbringer zur Verfügung stehen: verkitschte „Religion" der Postmoderne. An Auferstehung mag niemand mehr glauben, aber an Wiedergeburt. Oder, wie die Witwe behauptete: „Ich bin Atheistin", um wenig später anzuschließen: „Ich freue mich so darauf, meinen Mann wieder zu sehen." Ja, wo denn?, möchte man fragen.

Man lässt es. Denn jedem steht sein persönlicher Glaube zu. Schwierig ist nur, diese Ansichten zu harmonisieren – das will die Religion. Dieser Prozess verlangt Zugeständnisse von jedem. Dazu sind aber die meisten kaum bereit. Sie wollen einen Glauben, der nur gibt und nichts fordert; sie wollen den Nutzwert der Religion genießen und die Dienstleistungen der Glaubensgemeinschaften in Anspruch nehmen: Unterhaltung, Soziales, Rituale wie Taufen, Trauungen und Trauerfeiern: „Wasch mir den Pelz, aber mach mich nicht nass." Die Leistungsfähigkeit der Kirchen ist in dieser Hinsicht seit eh und je beträchtlich, denn ohne sie besäßen wir keinen Kölner Dom, keine Bach-Kantaten, keine Feiertage – welch ein Verlust für den Einzelhandel.

Doch der Zynismus schmeckt bald bitter. Missionarischer Eifer, Europa neu evangelisieren zu wollen, bietet sich nicht als Ausweg an. Und von selbst lösen sich keine Schwierigkeiten. Für den notwendigen Dialog der Kulturen muss sich der Westen seiner Wurzeln bewusst werden, seiner Geschichte stellen, seine Kultur verteidigen. Dabei kommt man am jüdisch-christlichen Erbe nicht vorbei. Wir finden darin einiges, was wir heute ablehnen müssen und anderes, was ewig und wahr ist. Was im engeren Sinne den Glauben angeht, an „jenes höhere Wesen, das wir verehren", da bleibt Stoff für den Austausch von Erfahrungen.

Innerchristliche Differenzen wirken wie ein anachronistischer Luxus im Hinblick auf die Aufgaben der Zukunft. Eine Ökumene der Gläubigen aller Religionen steht auf der Agenda. „Kein Weltfrieden ohne Religionsfrieden", postulierte Hans Küng zu Recht. Frieden ist nicht dann erreicht, wenn alle das gleiche glauben, sondern wenn die Vielfalt der Glaubensüberzeugungen gegenseitig respektiert wird. Wir müssen uns zusammensetzen, um uns auseinandersetzen zu können. Die Mehrzahl der Weltbevölkerung gehört zur Gruppe der Menschen guten Willens, gleich welcher Religion. Religionen sind Instrumente. Sie können frei machen oder versklaven. Es liegt an jedem Einzelnen, wer die Instrumente bedient. Überlassen wir nicht jenen das Ruder, die ein Ziel einschlagen, das uns nicht passt.

Wenn ich heute zur Kommunionbank trete, erfüllen mich oft Zweifel und Skrupel. Dem Gott, auf den ich jetzt vertraue, kann ich mich nur mit Bildern annähern. Ich spreche die alten Gebete mit und spüre doch: Das Eigentliche bleibt unsagbar. Unsere religiösen Traditionen sind Konventionen, Übereinkommen, die uns das Miteinander erleichtern. Wenn ich das akzeptiere, habe ich mit den Gläubigen aller Religionen Gemeinschaft. Dann empfange ich das Himmelsmanna, das einen Hunger stillt, der mit Brot nicht zu bezwingen ist und spüre immer noch – sei es auch nur für einen Augenblick – jene heilige Gewissheit, die letztlich wohl alle Religionen vermitteln wollen: Alles wird gut.

*Georg Schwikart*

**M**eine Gedanken sind nicht eure Gedanken und eure Wege sind nicht meine Wege – Spruch des Herrn. So hoch der Himmel über der Erde ist, so hoch erhaben sind meine Wege über eure Wege und meine Gedanken über eure Gedanken.

*Prophet Jesaja,*
*Kapitel 55, Verse 8 und 9*

## *Die Autorinnen und Autoren*

**Abaelardus, Petrus:** 1079-1142, französischer Philosoph und Theologe.
**Augustinus, Aurelius:** 354–430, Philosoph und Kirchenlehrer.
**Bakowski, Adam Tadeusz:** polnischer Dichter, lebt in Frankreich.
**Baumgartner, Achim:** geb. 1971, Gartenarchitekt.
**Bettscheider, Heribert:** geb. 1938, Priester, Prof. für Dogmatik und Fundamentaltheologie.
**Beyer, Ute:** geb. 1946, freischaffende Künstlerin, Malerei und Lyrik.
**Bichsel, Peter:** geb. 1935, schweizerischer Schriftsteller.
**Birnstein, Uwe:** geb. 1962, Theologe und Publizist. www.birnstein.de
**Borchert, Wolfgang:** 1921–1947, Schriftsteller.
**Brecht, Bertolt:** 1898–1956, Dramatiker und Lyriker.
**Brehmer, Adrienne:** geb. 1968, freie Schriftstellerin, lebt und arbeitet in Köln.
**Buber, Martin:** 1878-1965, österreichisch-israelischer Religionsphilosoph.
**Canterbury, Anselm von:** um 1033-1109, Philosoph und Theologe.
**Çelik, Hidir:** geb. 1960 in der Türkei, Politologe, Soziologe, Schriftsteller; ausgezeichnet mit dem Rheinlandtaler des Landschaftsverbandes Rheinland.
**Chauvistré, Karin:** Autorin, Sankt Augustin.
**Chödrön, Pema:** geb. 1936, buddhistische Nonne und Schriftstellerin.
**Christoph Blumhardt:** 1842-1919, Theologe, Pfarrer und Begründer der religiös-sozialen Bewegung in der Schweiz und in Deutschland.
**Cioran, Émile Michel:** 1911–1995, rumänisch-französischer Philosoph.
**Dauben, Katharina:** geb. 1988, Schülerin.
**Deutgen, Amelie:** geb. 1945, lebt in Köln.
**Dirks, Walter:** 1901–1991, Publizist, Schriftsteller und Journalist.
**Eichendorff, Joseph von:** 1788–1857, schlesischer Lyriker und Schriftsteller.
**Ein neunjähriges Kind:** dem Herausgeber bekannt.
**El Boustami, Ghalia:** geb. 1967, Sozialpädagogin, lebt in Neuß.
**Follereau, Raoul:** 1903-1977, Dichter und Kämpfer gegen die Lepra.
**Frahm, Thomas:** geb. 1961, Essayist und Dichter, lebt in Sofia/Bulgarien.
**Franz von Assisi:** um 1181–1226, italienischer Ordensgründer und Mystiker.
**Franz von Sales:** 1567–1622, französischer Ordensgründer und Mystiker.
**Fricke, Almut:** geb. 1938, Fortbildungsreferentin.
**Gebhardt, Maria Emma:** staatlich geprüfte Musiklehrerin für Geige und Viola.
**Gertrud von Helfta:** 1256–1301, Ordensfrau und Mystikerin.
**Gibran, Khalil:** 1883–1931, libanesischer Maler, Philosoph und Dichter.
**Glage, Benita:** geb. 1936, Erwachsenenbildnerin; Romane, Texte und Erzählungen.
**Goethe, Johann Wolfgang von:** 1749–1832, Dichter, Naturwissenschaftler, Kunsttheoretiker und Staatsmann.
**Goldschmidt, Georges-Arthurs:** geb. 1928, französisch-deutscher Schriftsteller.
**Greene, Graham:** 1904–1991, englischer Schriftsteller.
**Hammarskjöld, Dag:** 1905–1961, schwedischer Staatsmann und zweiter UN-Generalsekretär.
**Held, Barbara:** geb. 1944, Pensionärin, lebt in Köln.
**Held, Heiko:** geb. 1970, Dipl.Ing., Pilot, lebt in Sambia/Afrika.

**Hermund, Erika:** Königswinter.
**Hildegard von Bingen:** um 1098-1179, Mystikerin.
**Hochschuh, Rosemarie:** geb. 1935, Schneiderin, lebt in Monheim am Rhein.
**Hodapp, Michael:** geb. 1958, Poet und Elektriker, lebt in Bonn.
**Hück, Anneliese:** geb. 1956, Lektorin.
**Jandl, Ernst:** 1925–2000, österreichischer Schriftsteller.
**Janosch** (Künstlername von Horst Eckert): geb. 1931, Illustrator, Kinderbuchautor und Schriftsteller.
**Johannes Paul II.:** Karol Józef Wojtyła, 1920-2005, polnischer Theologe, Papst von 1978 bis 2005.
**Jülicher, Jochen:** freier Theologe aus Bonn. www.die-feier.de
**Jung, Carl Gustav:** 1875–1961, schweizerischer Psychologe.
**Jünger, Ernst:** 1895–1998, Schriftsteller.
**Kárason, Einar:** geb. 1955, isländischer Schriftsteller.
**Kehl-Kochanek, Christel:** geb. 1940, Sankt Augustin.
**Kehrer, Günter:** geb. 1939, Professor für Religionswissenschaft, Tübingen.
**Klepper, Jochen:** 1903–1942, Schriftsteller und geistlicher Liederdichter.
**Kołakowski, Leszek:** geb. 1927, polnischer Philosoph, Historiker und Publizist.
**Kratz, Eila:** geb. 1939, Diplom-Psychologin und Dichterin.
**Krommidas, Giorgos:** geb. 1936, Schriftsteller, lebt in Bonn.
**Kubin, Wolfgang:** geb. 1945, Sinologe, Übersetzer, Schriftsteller, lebt in Bonn und Wien.
**Kyrklund, Willy:** geb. 1921, finnischer Schriftsteller.
**Lesmian, Bolesław:** 1878-1937, polnischer Dichter.
**Luther, Martin:** 1483–1546, Urheber und Lehrer der Reformation.
**Lütkehaus, Ludger:** geb. 1943, Literaturwissenschaftler.
**Macht, Siegfried:** geb. 1956, Lehrer und Dichter.
**Maistre, Xavier de:** 1763-1852, Abenteurer, Soldat und Schriftsteller.
**Mándy, Iván:** 1918–1995, ungarischer Schriftsteller.
**Marti, Kurt:** geb. 1921, schweizerischer Pfarrer und Schriftsteller.
**Mello Breyner Andresen, Sophia de:** 1919–2004, portugiesische Schriftstellerin.
**Mercier, Pascal:** geb. 1944, schweizerischer Schriftsteller und Philosoph.
**Metzger, Max Josef:** 1887–1944, katholischer Priester und Dichter.
**Micheel, Matthias:** Dipl.Theol., Dipl.Soz.Arb.
**Mistral, Gabriela:** 1889–1957, chilenische Dichterin, Literaturnobelpreis 1945.
**Newman, John Henry:** 1801-1890, erst anglikanischer Bischof, später katholischer Kardinal.
**Nietzsche, Friedrich Wilhelm:** 1844-1900, Philosoph.
**Nitropisch, Halina:** geb. 1952, schreibt Literaturessays, Prosa und Lyrik.
**Nouwen, Henri J. M.:** 1932- 1996, niederländischer katholischer Priester, Psychologe und geistlicher Schriftsteller.
**Oosterhuis, Huub:** geb. 1931, niederländischer Theologe und Dichter.
**Pascal, Blaise:** 1623–1662, französischer Mathematiker, Physiker, Literat und Philosoph.

**Paul, Jean:** 1763-1825, deutscher Schriftsteller.
**Pfirschke, Rosemarie:** geb. 1937.
**Rahner, Karl:** 1904–1984, Theologe.
**Rilke, Rainer Maria:** 1875–1926, österreichischer Lyriker.
**Rothfuss, Uli:** geb. 1961, Schriftsteller und Professor für Ästhetik der Kommunikation, lebt in Calw.
**Rumi:** 1207–1273, persischer Mystiker.
**Sager, Ariela:** Studentin der Literaturwissenschaft.
**Schäfer, Helene:** geb. 1950.
**Schillebeeckx, Edward:** geb. 1914, belgischer Theologe.
**Schiller, Friedrich:** 1759–1805, Dichter, Dramatiker und Philosoph.
**Schubert, Klaus:** Religionspädagoge, lebt in Haigerloch.
**Schulz, Karola:** geb. 1936, Juristin, lebt in Köln.
**Schuster, Frauke:** geb. 1958, Krimiautorin.
**Schwikart, Georg:** geb. 1964, Schriftsteller. www.schwikart.de
**Schwikart, Judith:** geb. 1963, Altentherapeutin.
**Sieß, Alheide:** geb. 1922, Hausfrau und Mutter, Missionarin und Dichterin.
**Solschenizyn, Alexander Issajewitsch:** geb. 1918, russischer Schriftsteller und Dramatiker. Literaturnobelpreis 1970.
**Spong, John:** geb. 1931, US-amerikanischer Theologe.
**Teresa von Avila:** 1515–1582, spanische Mystikerin.
**Tillich, Paul:** 1886–1965, Theologe und Religionsphilosoph.
**Tolstoi, Leo:** 1828–1910, russischer Schriftsteller.
**Tucholsky, Kurt:** 1890-1935, Journalist und Schriftsteller.
**Tworuschka, Udo:** geb. 1949, Religionswissenschaftler, Uni Jena.
**Uleer, Maria:** Sankt Augustin.
**Verbeek, Ludwig:** geb. 1938, Lyriker, u.a. „Lichtjahre und ich".
**Voegelin, Eric:** 1901–1985, deutsch-amerikanischer Politologe und Philosoph
**Vogt, Michael, Dr.:** geb. 1959, Psychotherapeut und Eheberater, Essen.
**Voisin, Gudrun:** geb. 1956, Violinlehrerin.
**Waringer, Mechtild:** geb. 1946, lebt in Köln.
**Werding, Juliane:** geb. 1956, Sängerin und Texterin.
**Werfel, Franz:** 1890–1945, österreichischer Schriftsteller.
**Wessobrunner Gebet:** um 790 entstandene Dichtung, benannt nach dem bayerischen Kloster Wessobrunn.
**Willaschek, RO:** geb. 1946, Dichter und Kunstmacher.
**Willms, Wilhelm:** 1930–2002, Priester und Verfasser geistlicher Lieder und Lyrik.
**Wittgenstein, Ludwig:** 1889–1951, österreichischer Philosoph.
**Wohlfromm, Helga:** geb. 1934, pensionierte Kriminalbeamtin, Bonn.
**Zielonka, Michael:** geb. 1942, kath. Priester und Publizist.
**Zulu:** afrikanische Volksgruppe der Bantu in Südafrika.

## *Quellenangaben*

Aufrichtiger Dank geht an alle Verlage bzw. Autorinnen und Autoren, die freundlicherweise den Abdruck der Texte genehmigt haben.

**Heribert Bettscheider:** Zugang zur Wirklichkeit Gottes. Steyler Verlag, Nettetal 1999
**Peter Bichsel:** Schulmeistereien. Suhrkamp Verlag, Frankfurt am Main
**Bertolt Brecht:** Gesammelte Werke. Suhrkamp Verlag, Frankfurt am Main 1967
**Martin Buber:** Die Erzählungen der Chassidim © 1949 by Manesse Verlag, Zürich, in der Verlagsgruppe Random House GmbH, München
**Hidir Celik:** Mein Gott ist schwarz. Free Pen Verlag, Bonn, 2. Auflage 2006
**E.M. Cioran:** Von Tränen und von Heiligen. Suhrkamp Verlag, Frankfurt am Main 1988
**Benita Glage:** Warum bleibt der Gott im Himmel? Kösel Verlag, München 1992
**Georges-Arthur Goldschmidt:** In der Gegenwart des abwesenden Gottes. Ammann Verlag, Zürich 2003
**Ernst Jandl:** Werksausgabe in 10 Bänden, Bd. 8, Luchterhand, München
**Einar Kárason:** Die isländische Mafia. Aus dem Isländischen von Maria-Claudia Tomany. © Paul Zsolnay Verlag, Wien 2001
**Leszek Kolakowski:** Mini-Traktate über Maxi-Themen. Reclam Verlag, Leipzig 2000/2002
**Giorgos Krommidas:** Der Ölberg. Avlos Verlag, Sankt Augustin / Siegburg 1996
**Willy Kyrklund:** Vom Guten. Suhrkamp Verlag, Frankfurt am Main 1991
**Ludger Lütkehaus:** Nichts. Abschied vom Sein. Ende der Angst. Gerd Haffmanns bei Zweitausendeins, © 2002 by www.Zweitausendeins.de, Postfach, 60381 Frankfurt am Main
**Siegfried Macht:** Dein Name ist DUBISTBEIMIR. Aus: geDICHTe geBILDe geDANKen, Don Bosco Verlag, München 1985 © beim Autor
**Kurt Marti:** Gott im Diesseits. Radius Verlag, Stuttgart 2005
**Pascal Mercier:** Nachtzug nach Lissabon. Roman © 2004 Carl Hanser Verlag, München
**Max Josef Metzger:** Rechte beim Christkönigs-Institut, Meitingen.
**Huub Oosterhuis:** Übersetzung von Lothar Zenetti. Christophorus Verlag, Freiburg
**Uli Rothfuss:** vom atmen der steine. Pop Verlag, Ludwigsburg 2006
**Ludwig Verbeek:** Friede sei mit mir. Avlos Verlag, Sankt Augustin / Siegburg 1998
**Wilhelm Willms:** Meine Schritte kreisen um die Mitte. Neues Lied im alten Land. Verlag Butzon & Bercker 1984

Besonderer Dank an mir befreundete Autorinnen und Autoren, die eigens für diesen Band Texte beigesteuert haben (Rechte dort):
**Achim Baumgartner, Ute Beyer, Uwe Birnstein, Adrienne Brehmer, Karin Chauvistré, Katharina Dauben, Amelie Deutgen, Ghalia El Boustami, Thomas Frahm, Almut Fricke, Maria Emma Gebhardt, Barbara Held, Heiko Held, Erika Hermund, Rosemarie Hochschuh, Michael Hodapp, Anneliese Hück, Jochen Jülicher, Christel Kehl-Kochanek, Günter Kehrer, Eila Kratz, Wolfgang Kubin, Matthias Micheel, Halina Nitropisch, Rosemarie Pfirschke, Ariela Sager, Helene Schäfer, Klaus Schubert, Karola Schulz, Frauke Schuster, Judith Schwikart, Alheide Sieß, Udo Tworuschka, Maria Uleer, Michael Vogt, Gudrun Voisin, Mechthild Waringer, Juliane Werding, RO Willaschek, Helga Wohlfromm und Michael Zielonka.**

Wir haben uns bemüht, alle Rechte ausfindig zu machen und anzufragen. Sollten versehentlich Rechte nicht berücksichtigt oder Quellenangaben trotz Anfrage fehlerhaft vermerkt worden sein, bitten wir um Nachsicht und um Hinweis.